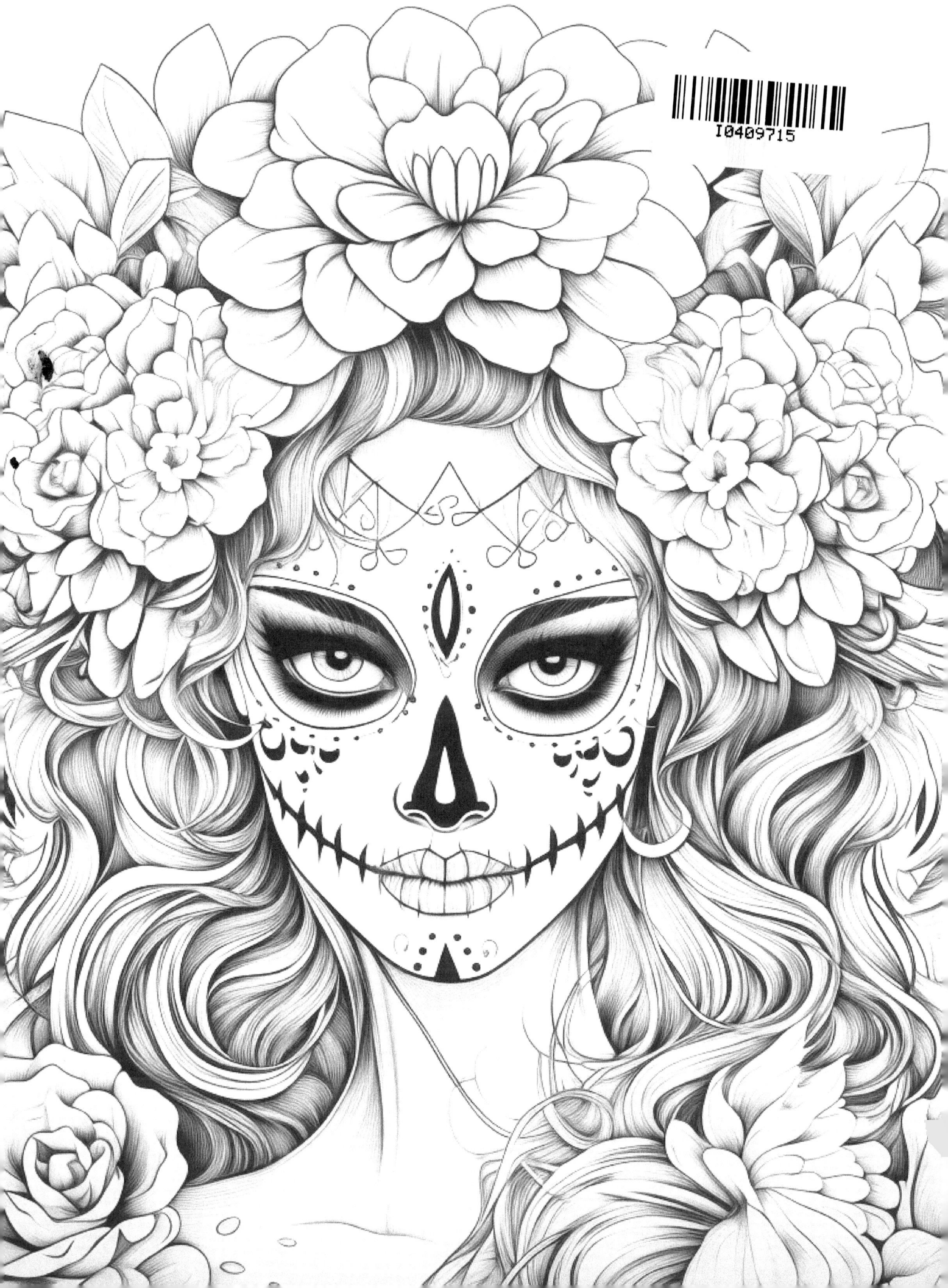

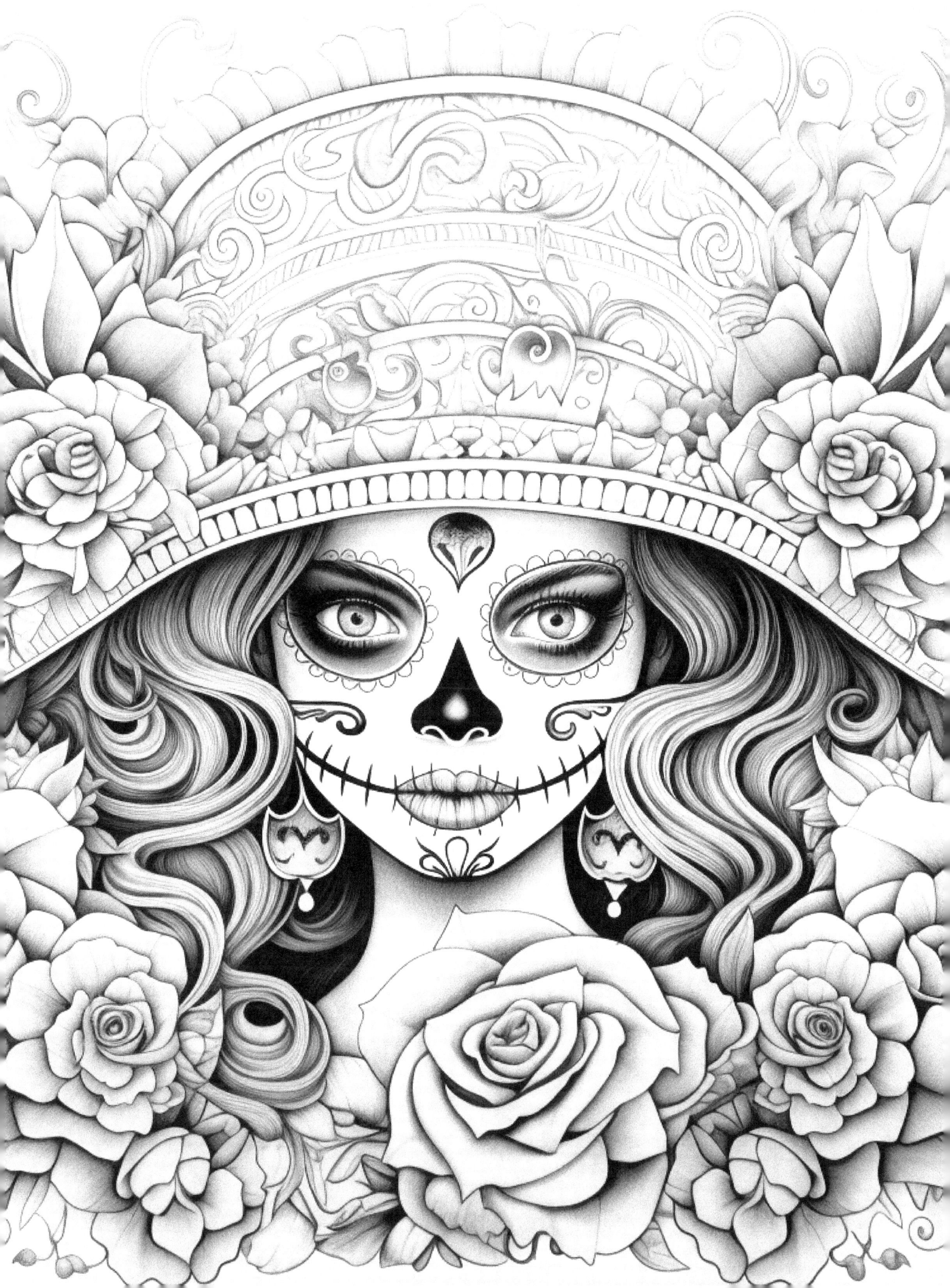

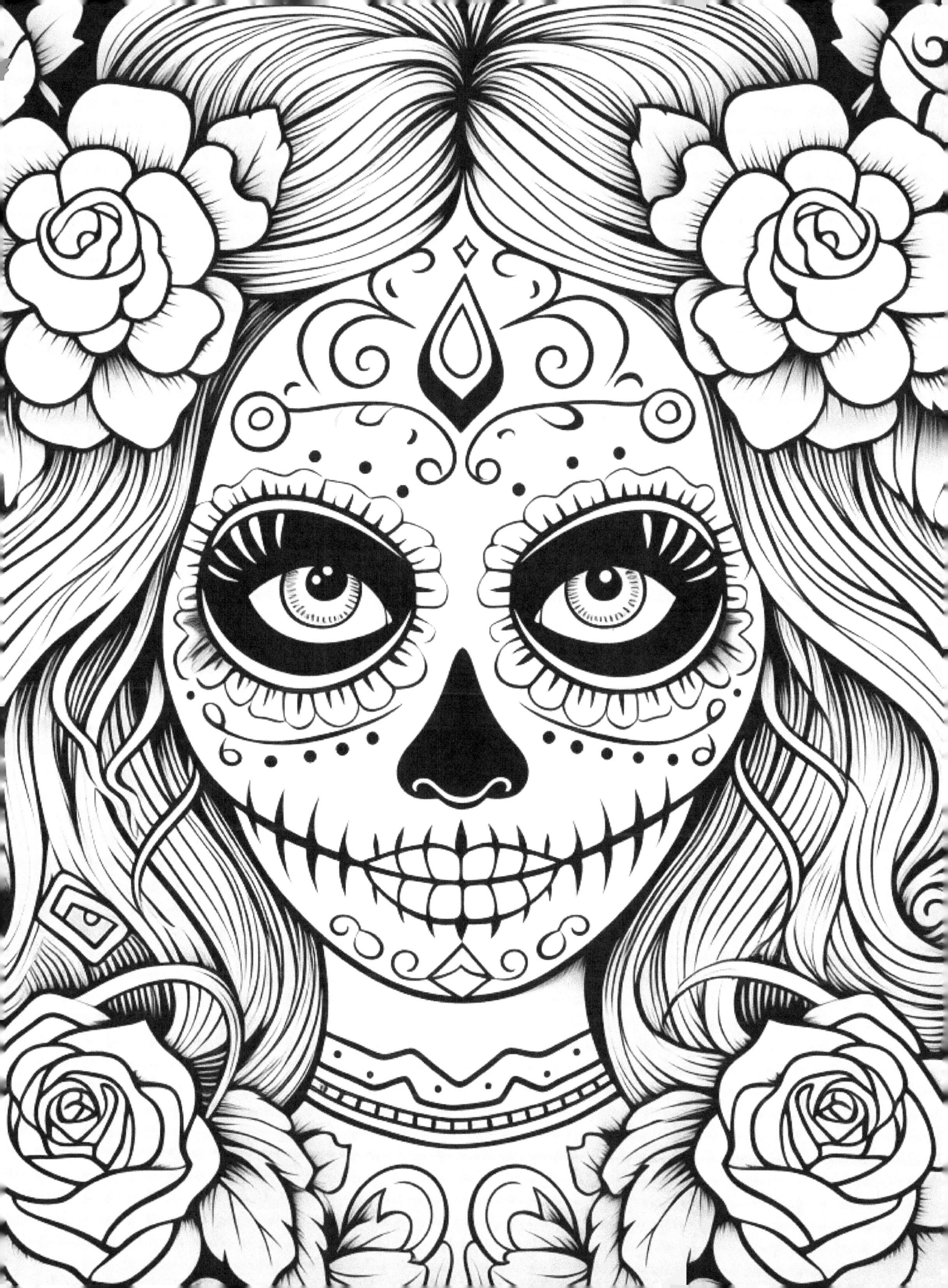

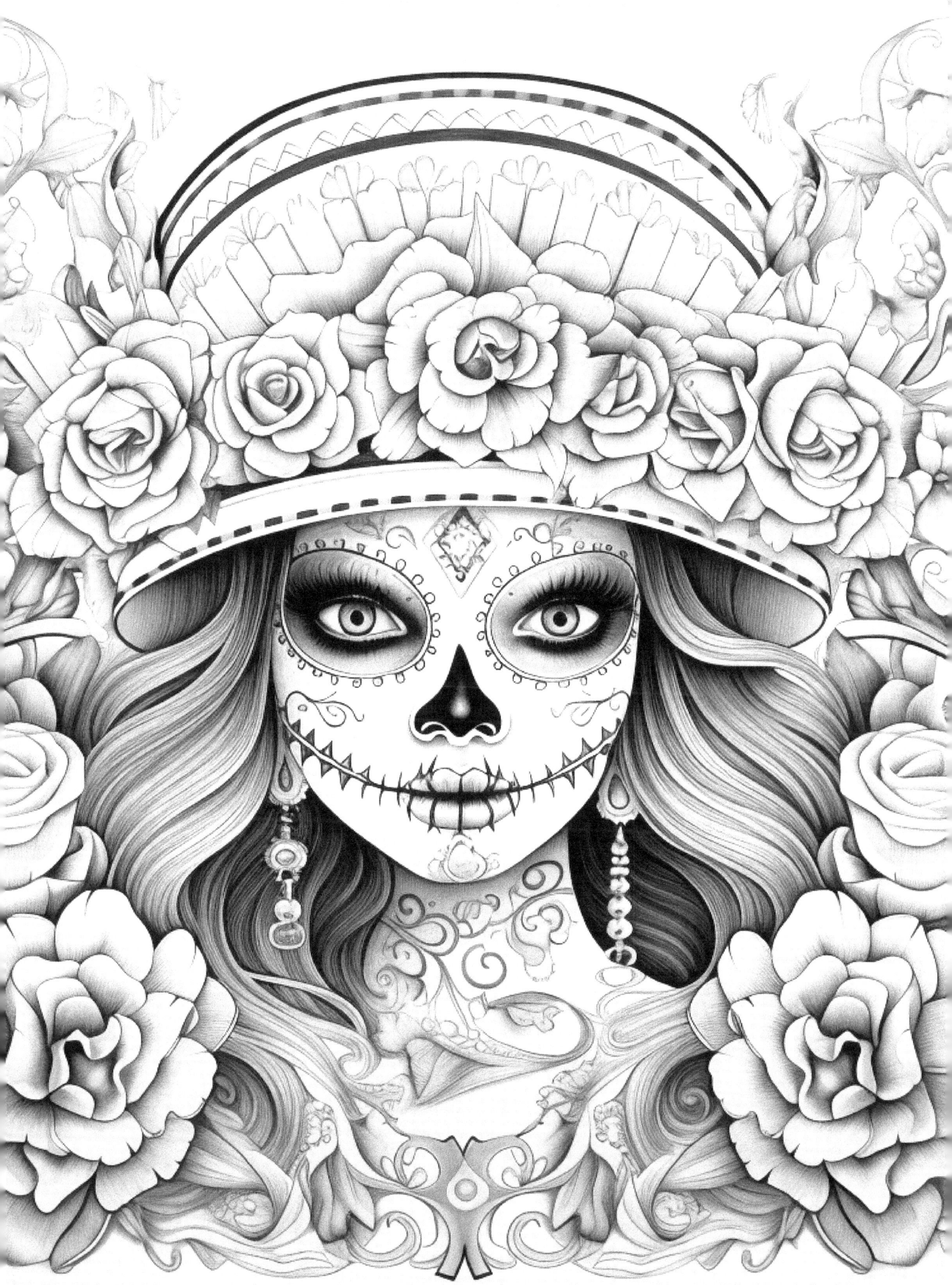

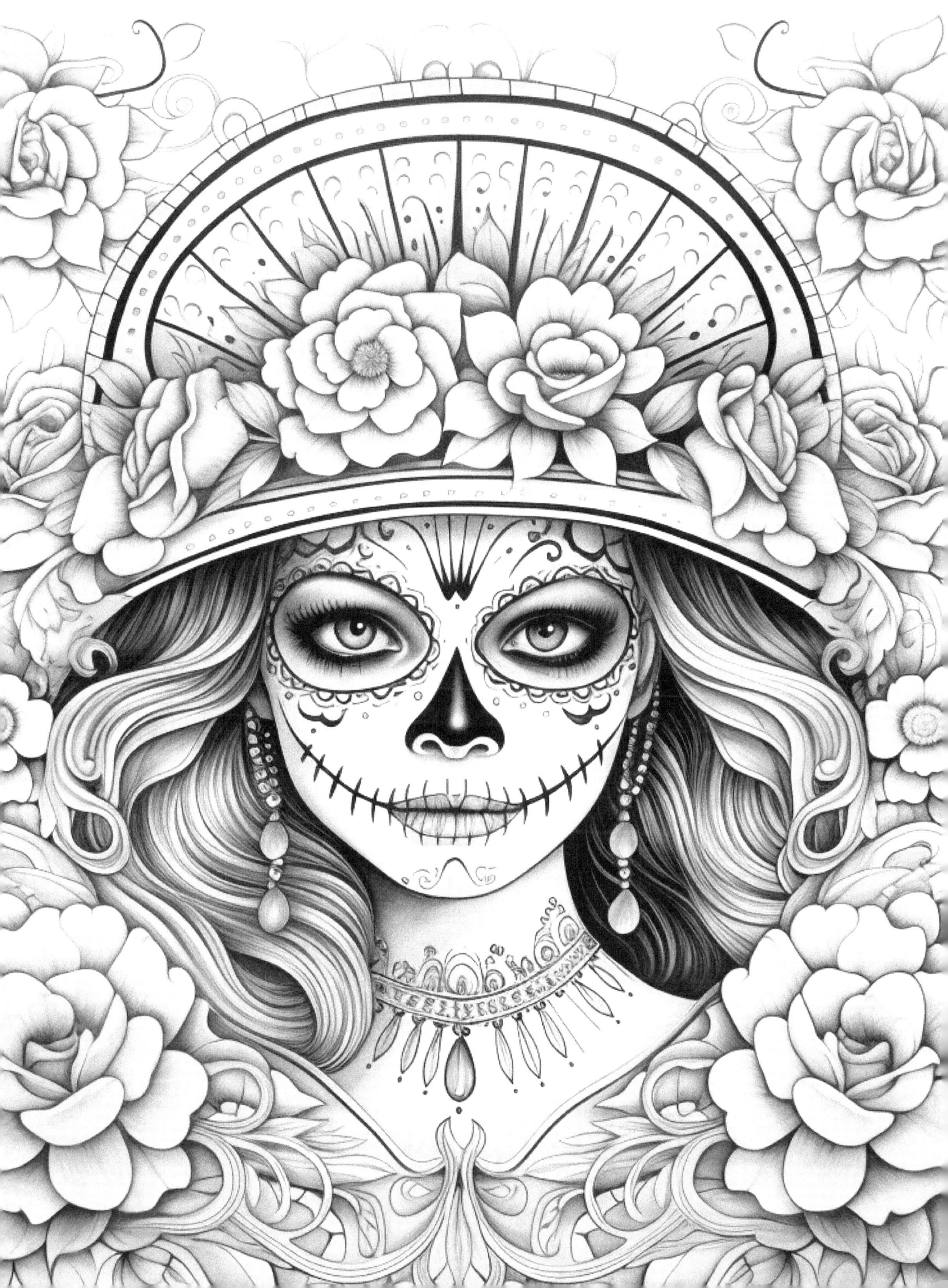

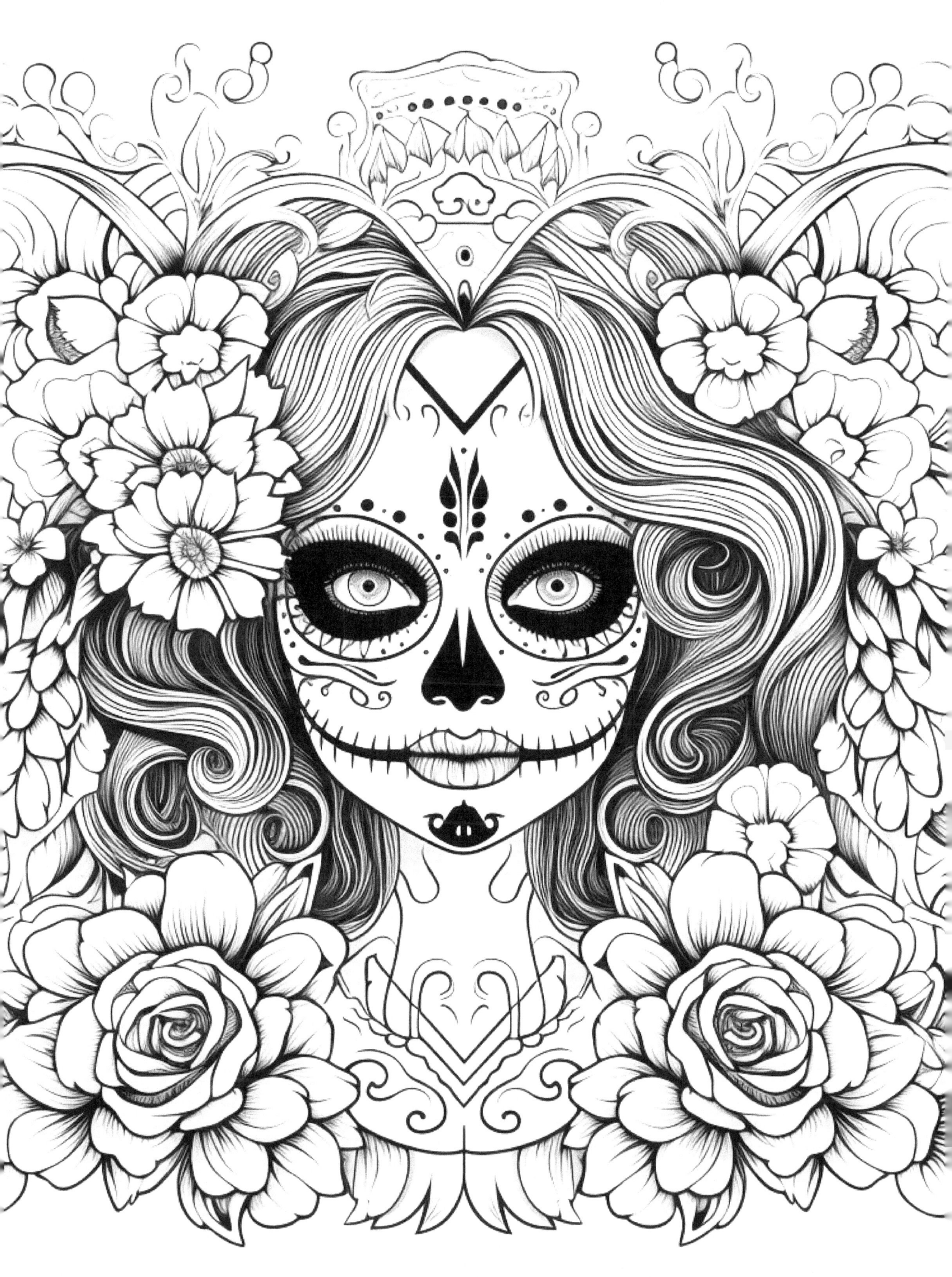

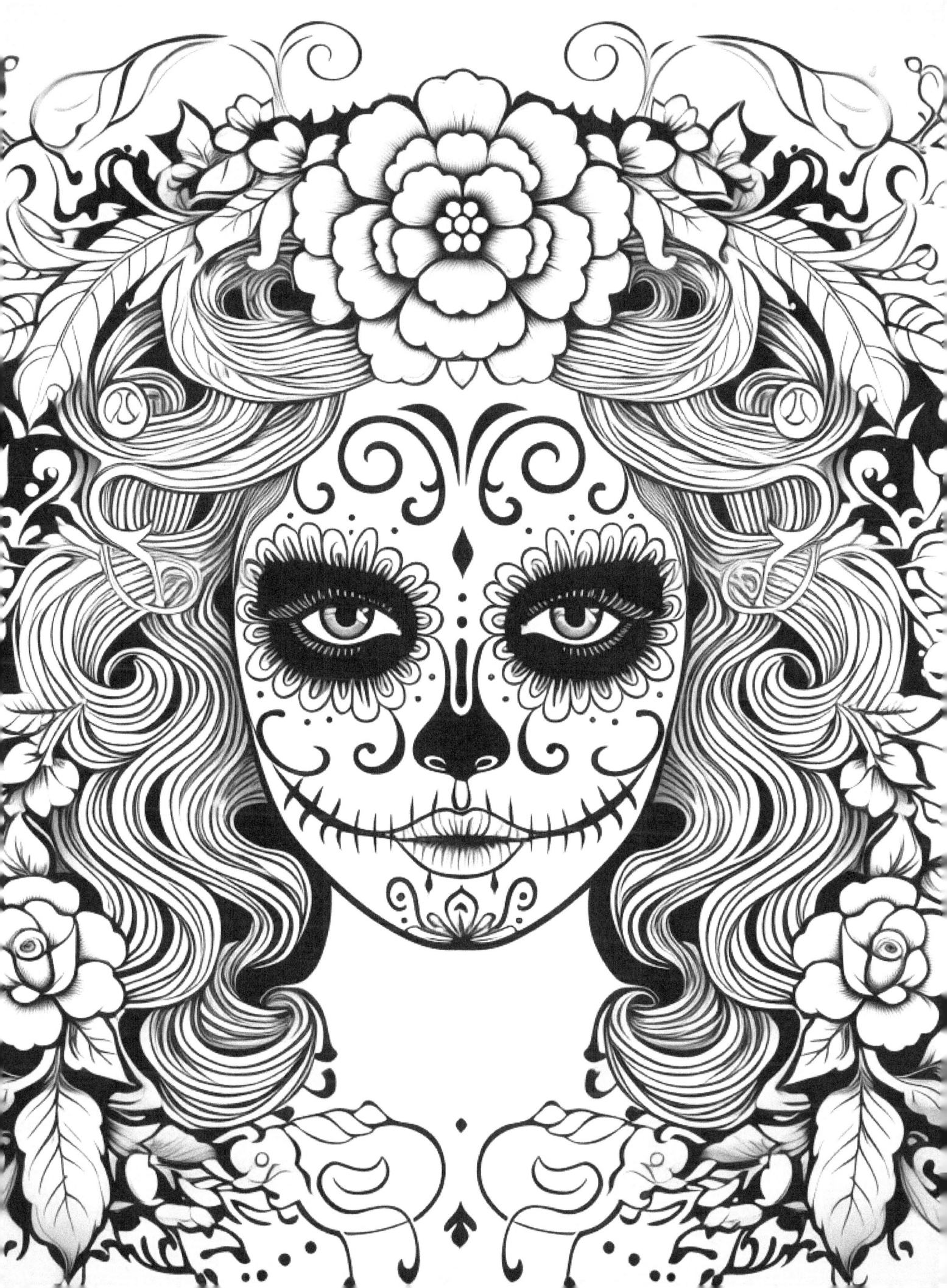

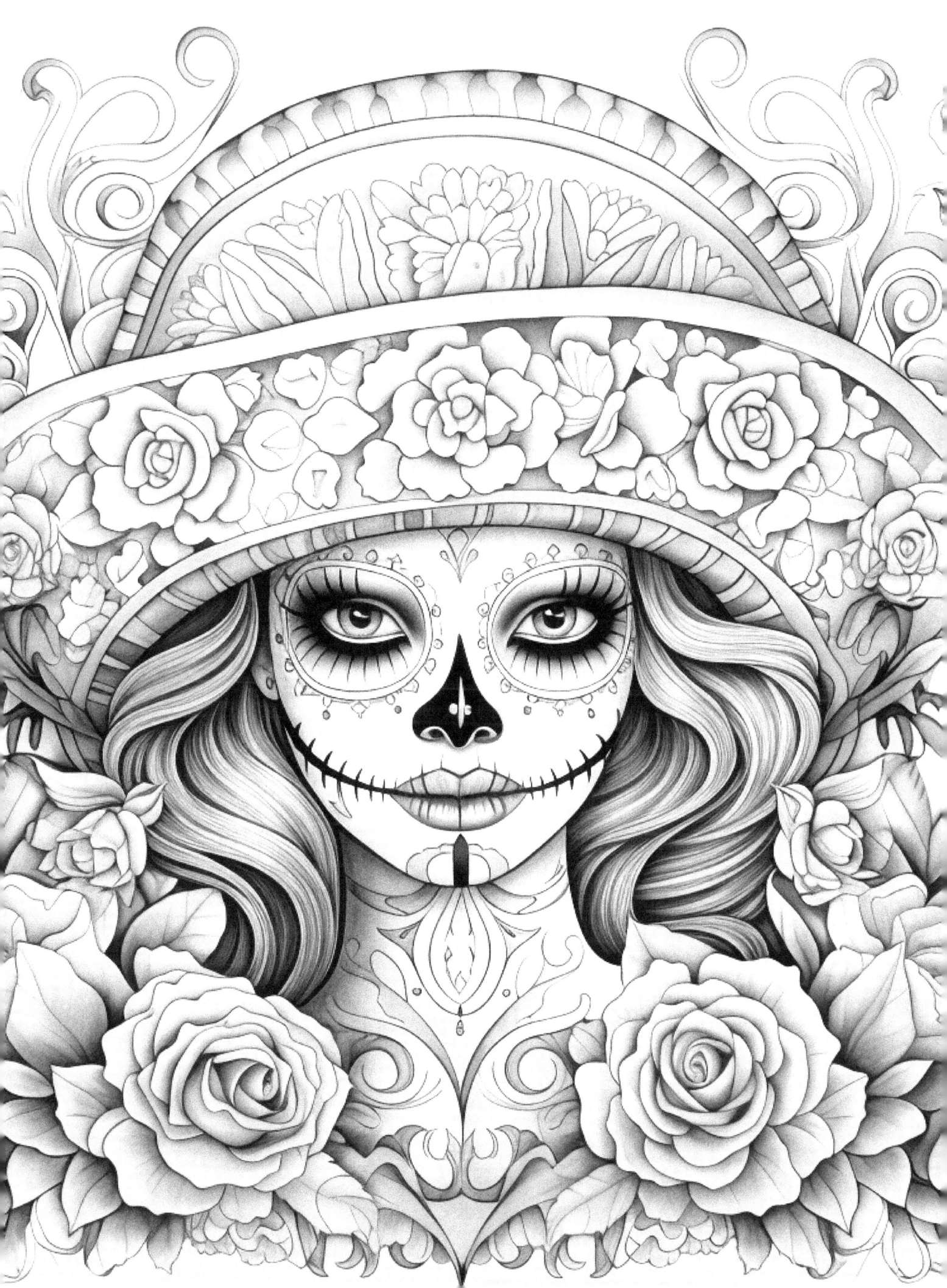

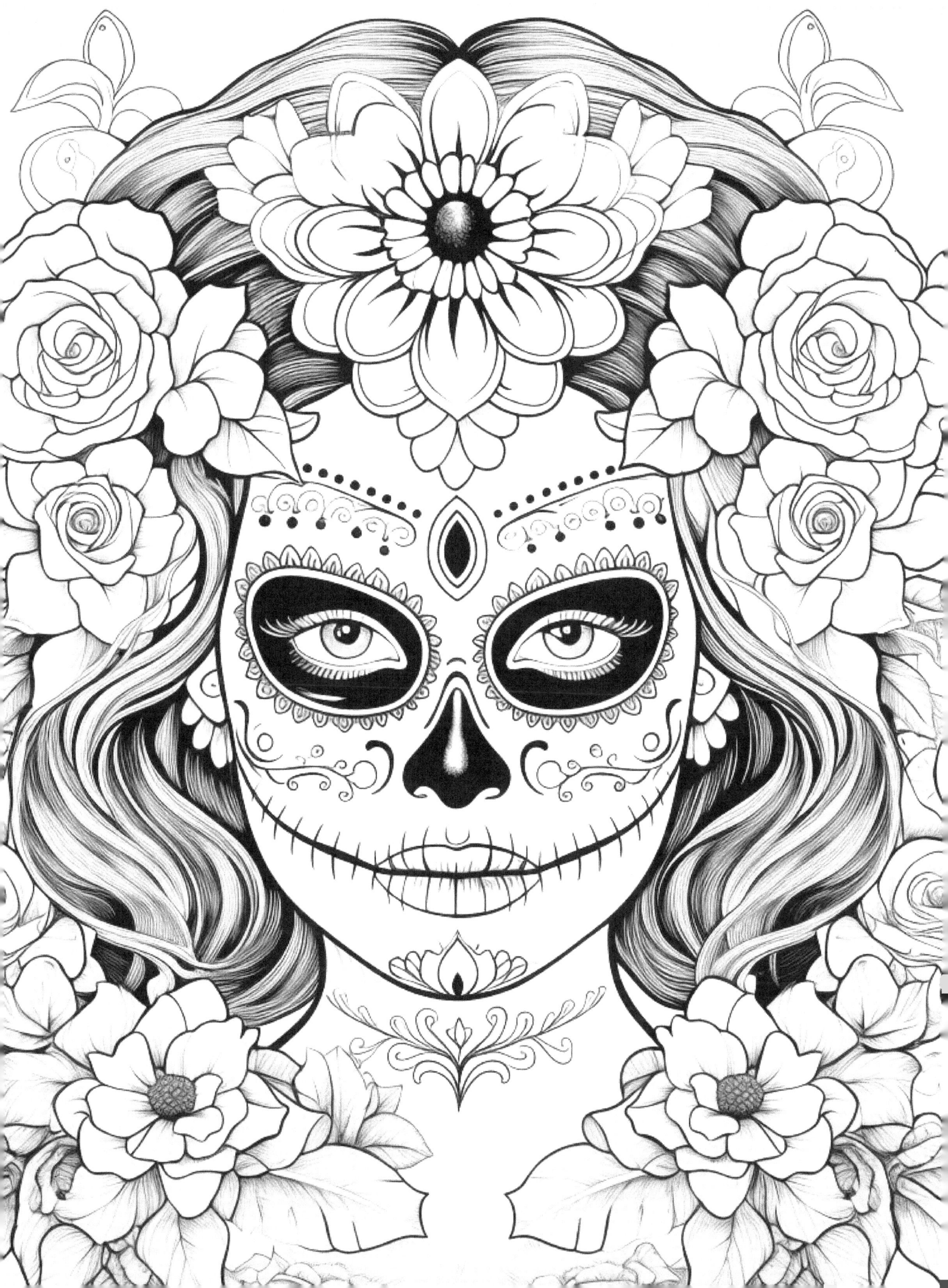

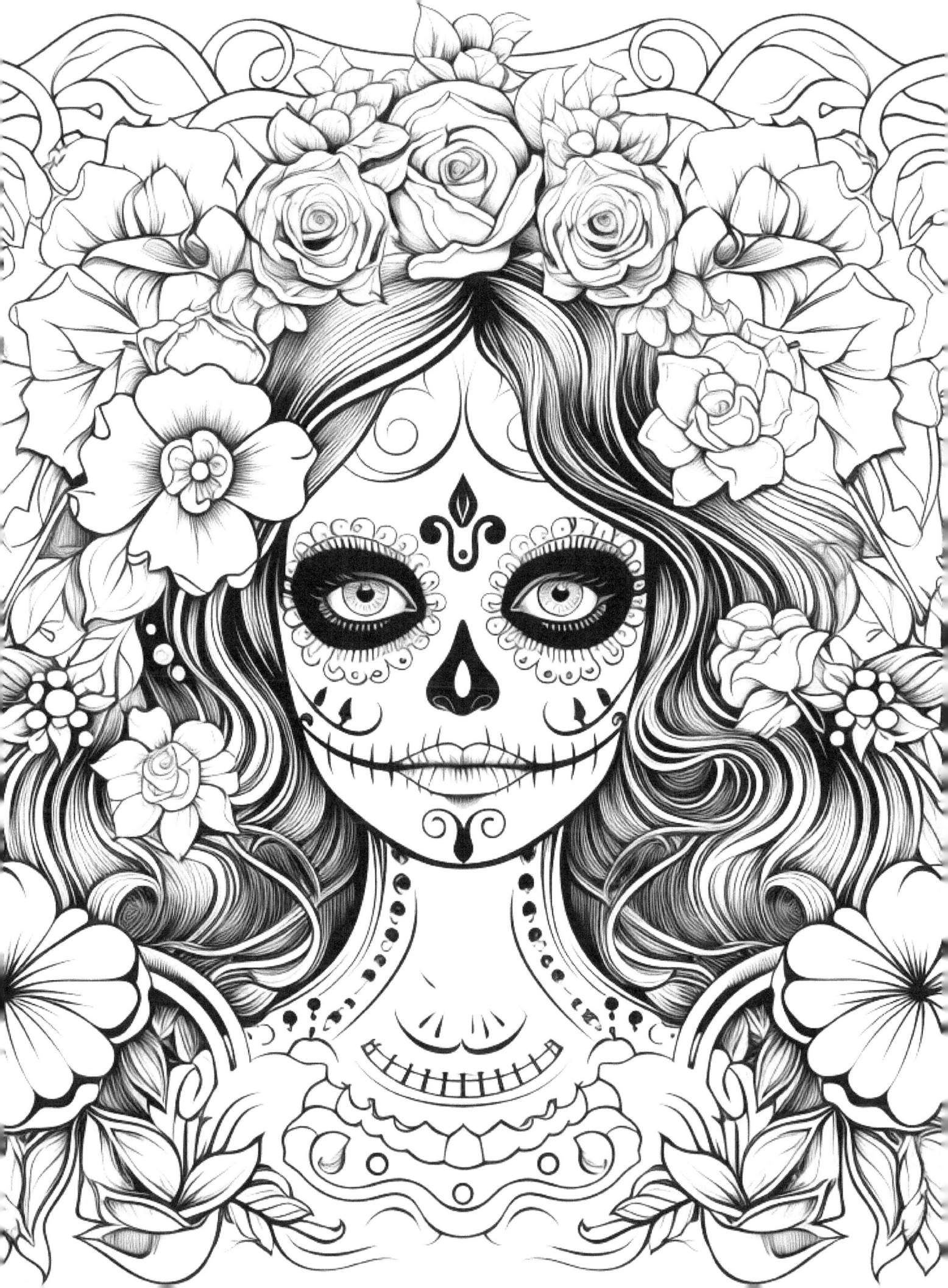

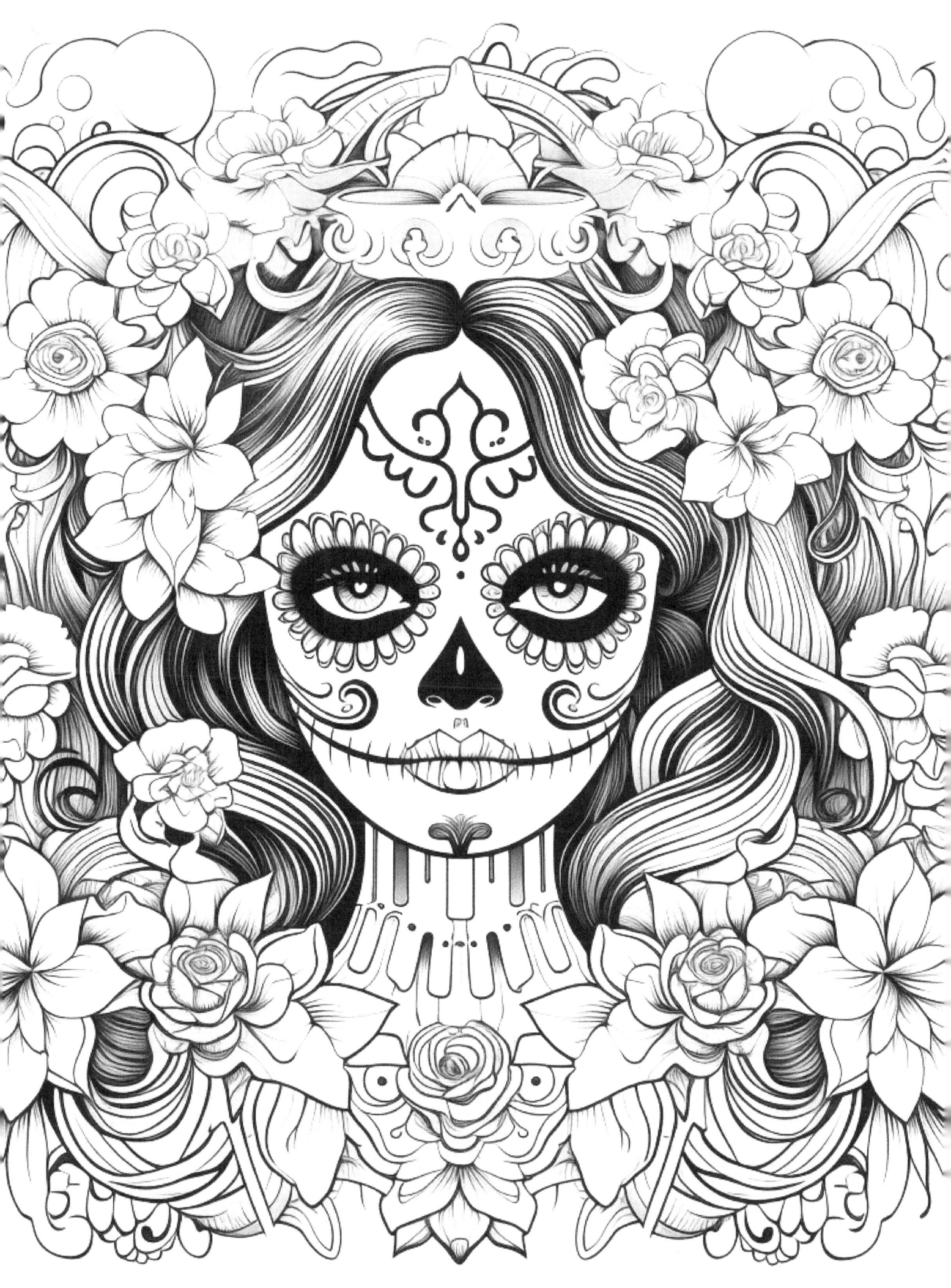

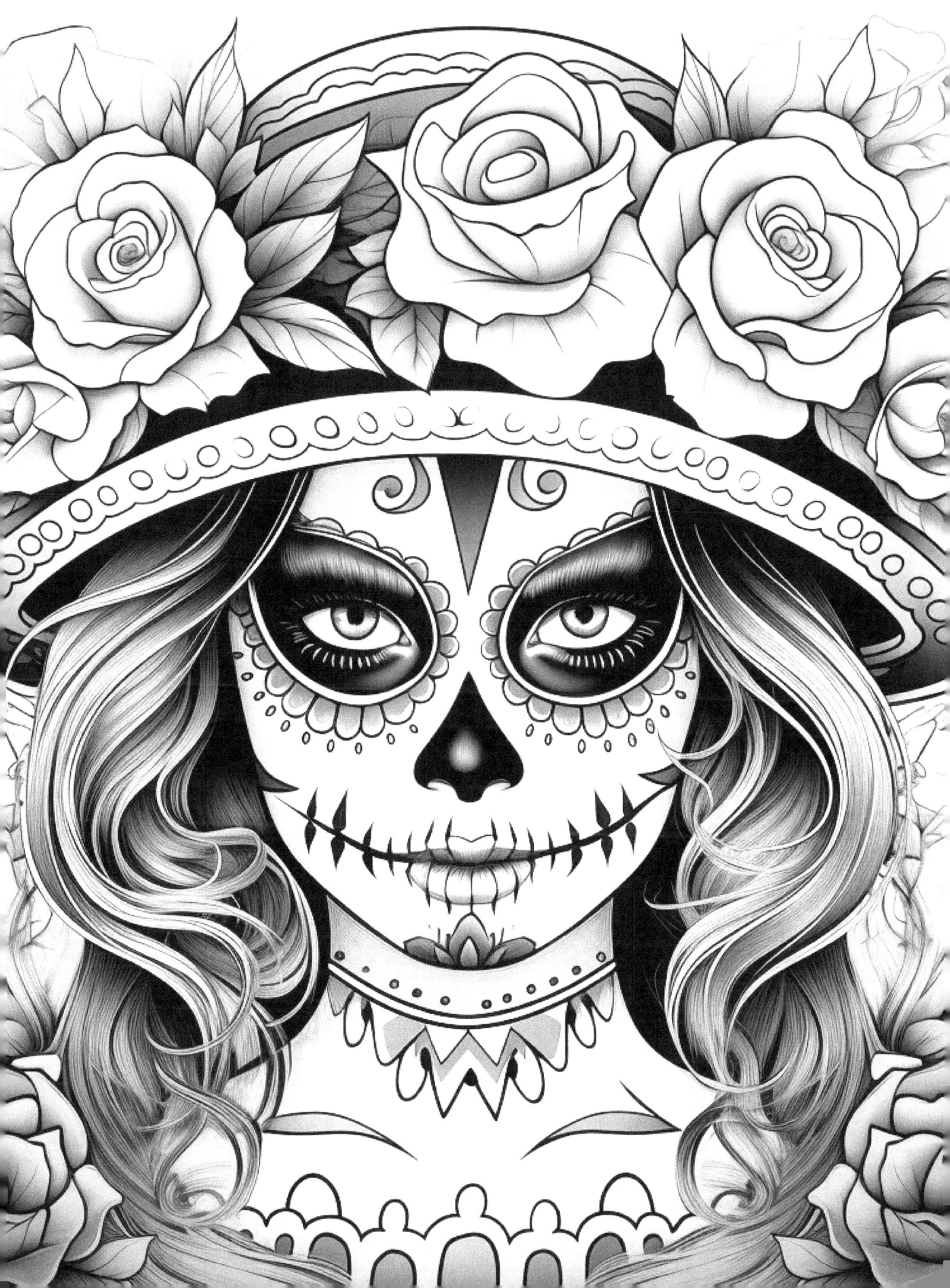

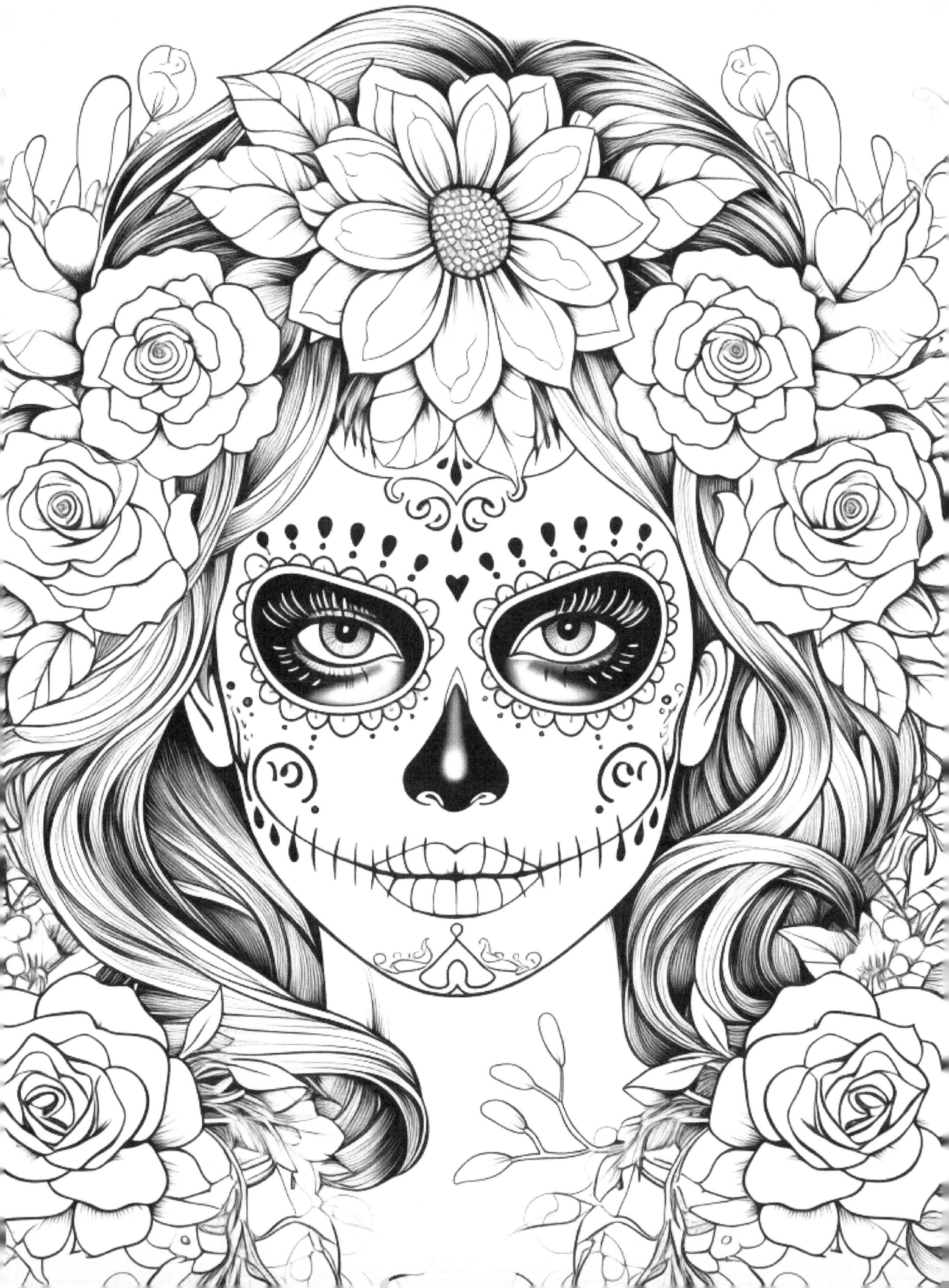

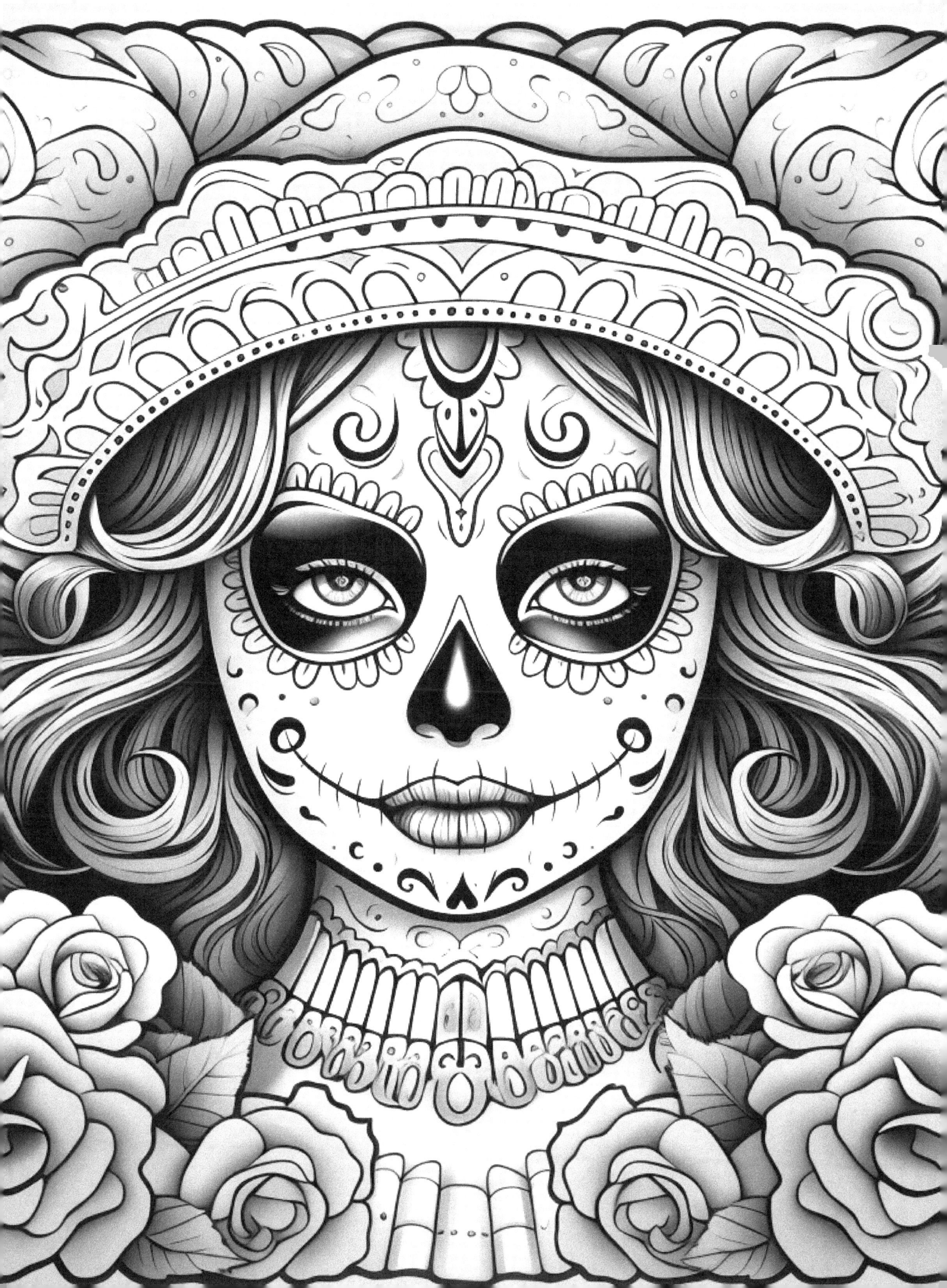

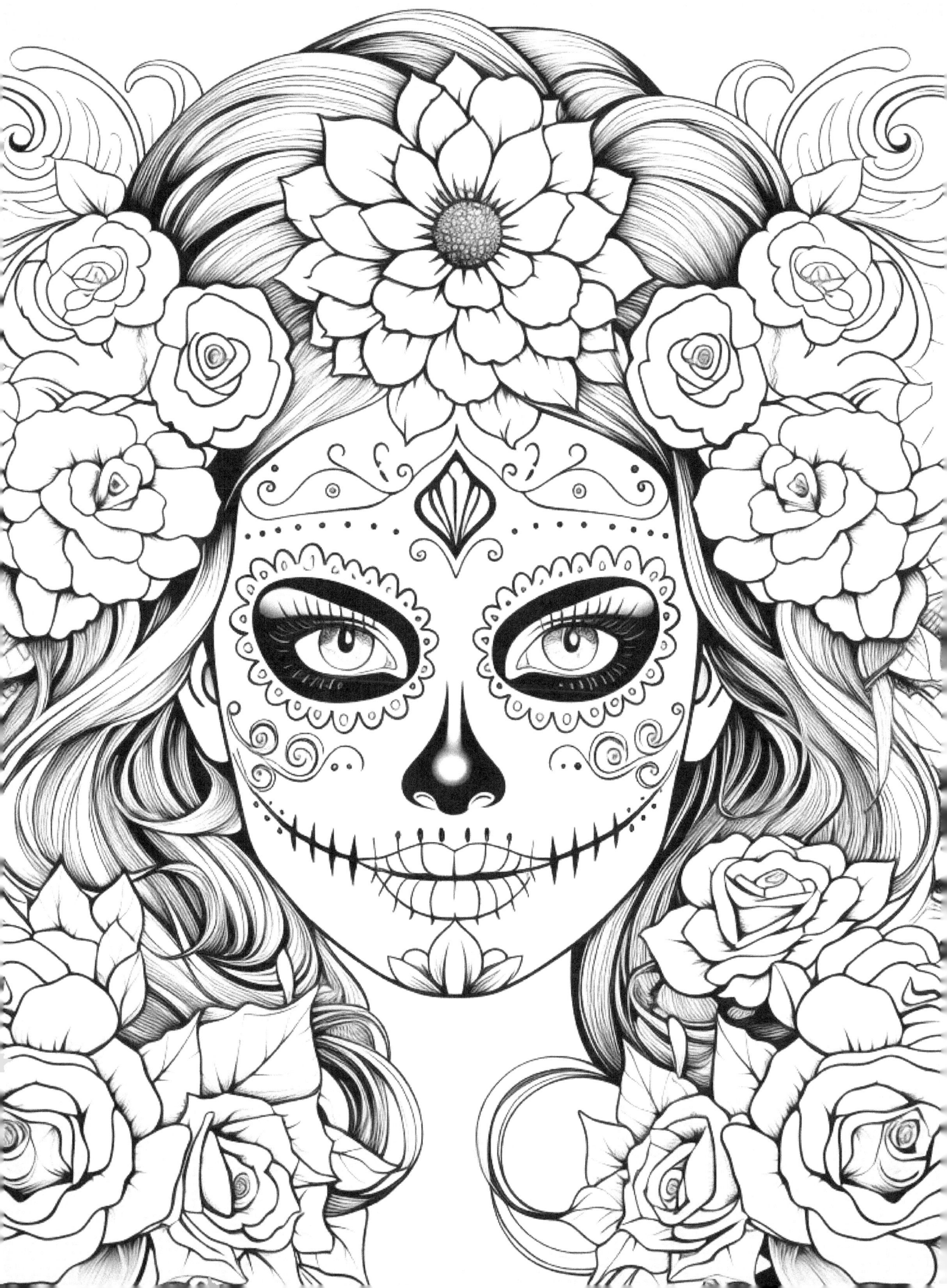

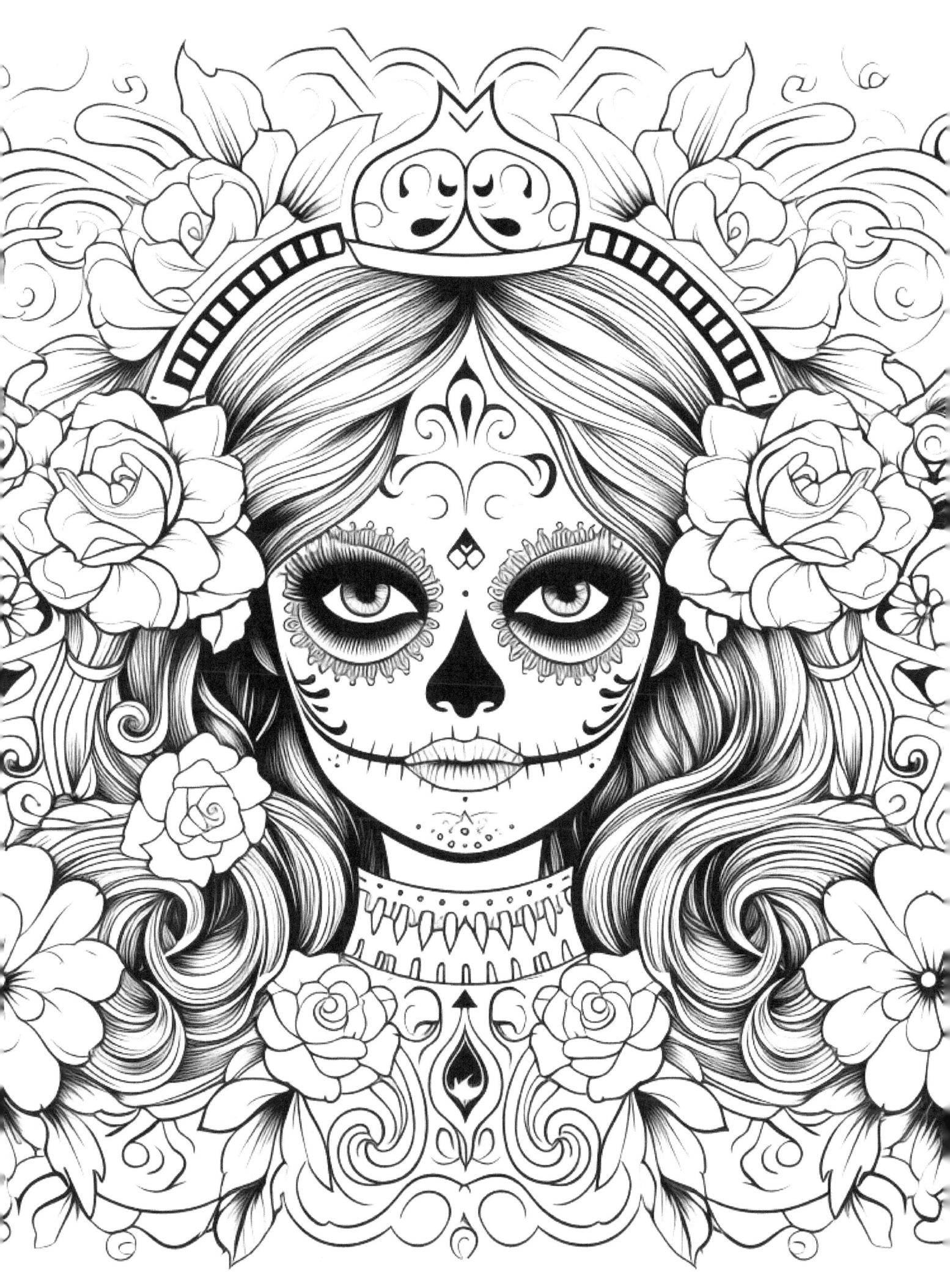

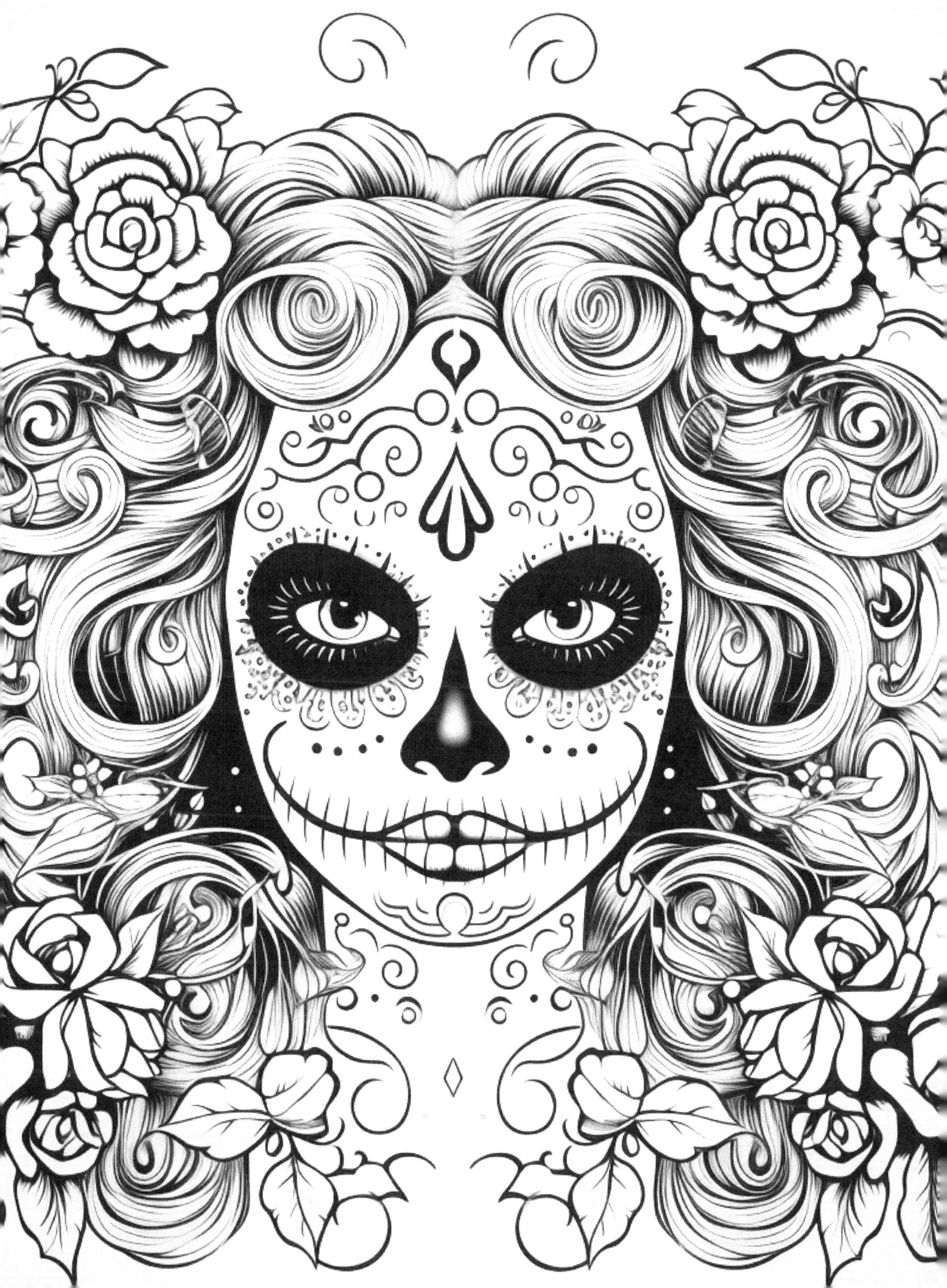

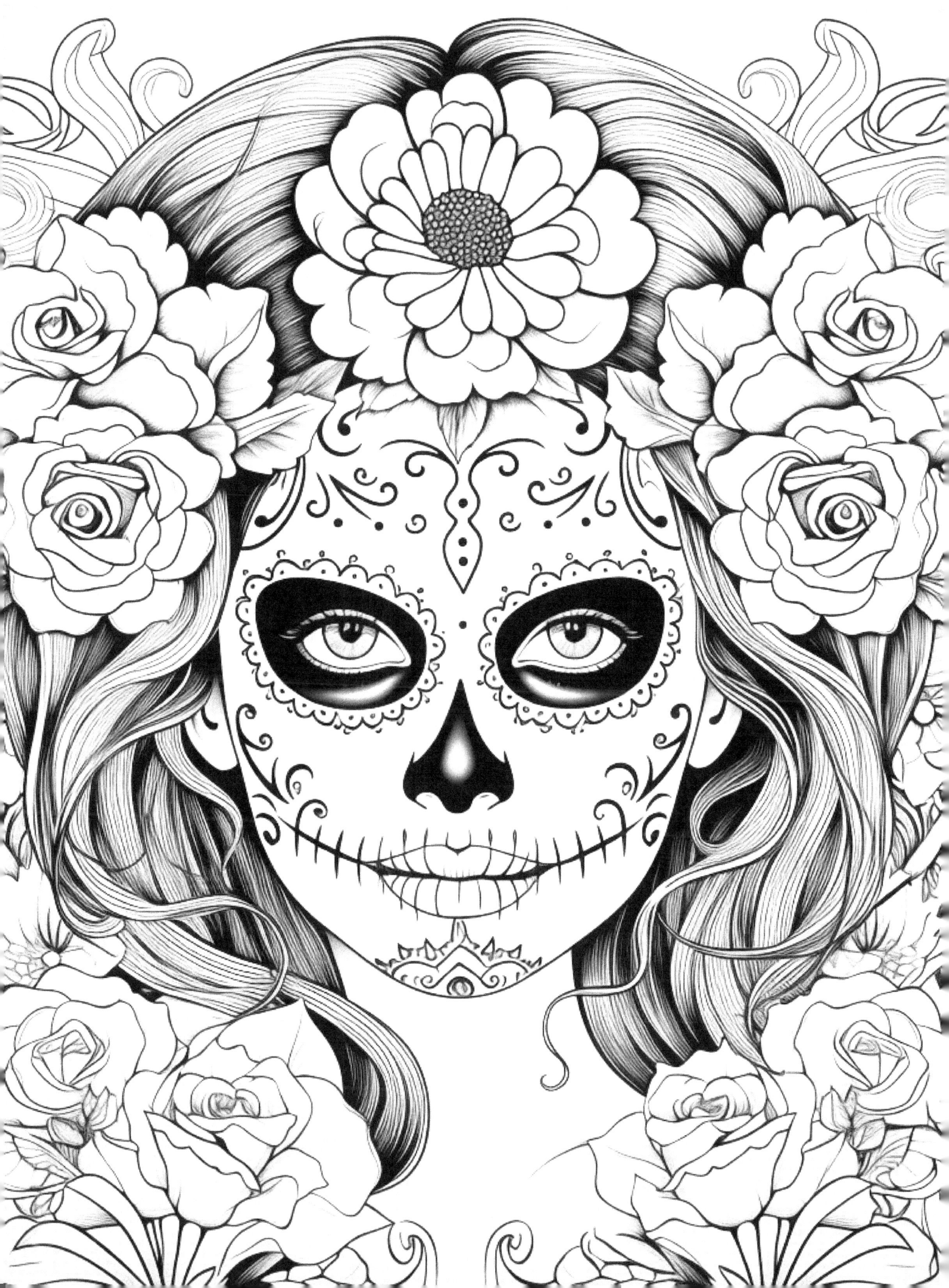

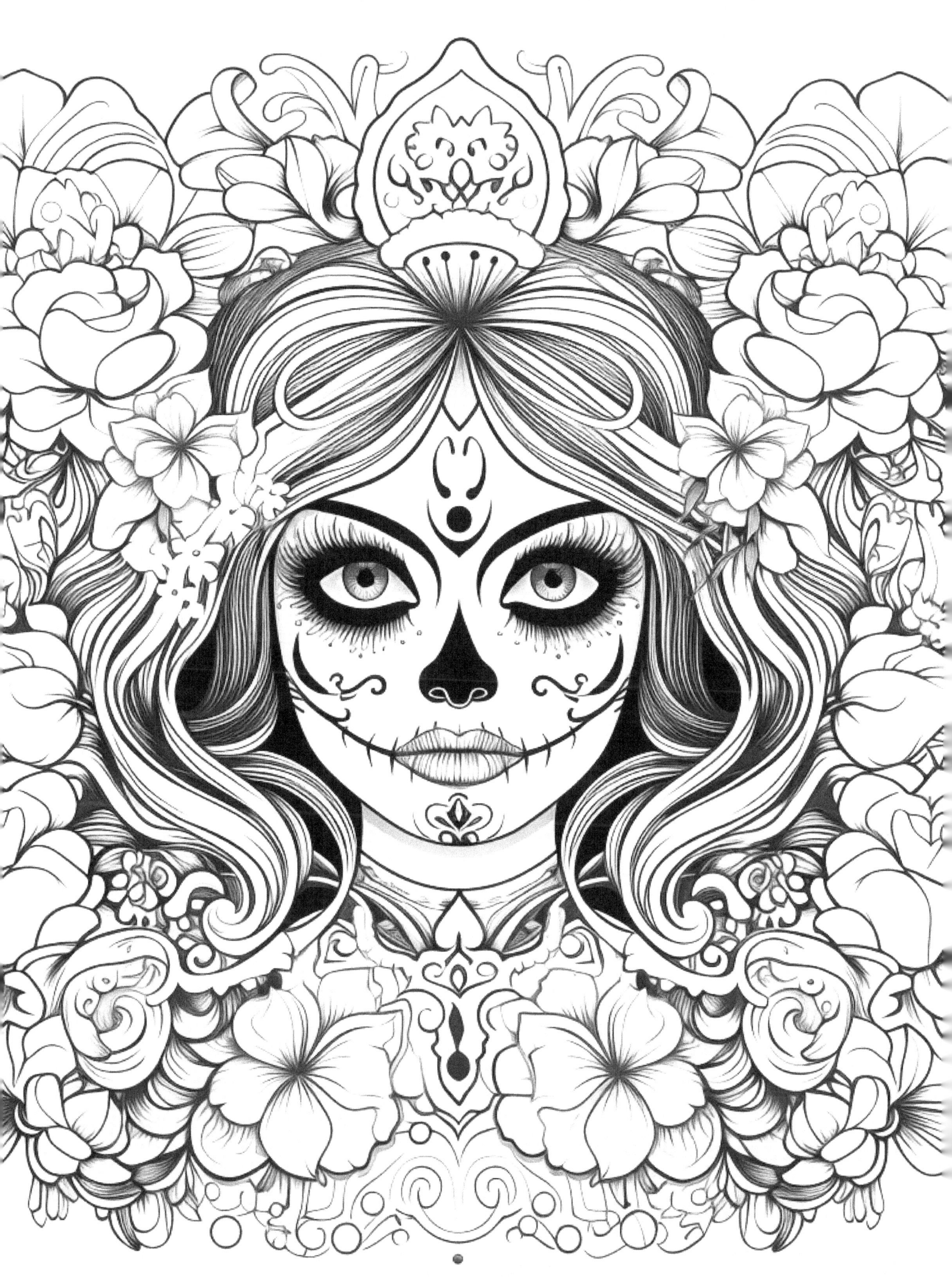

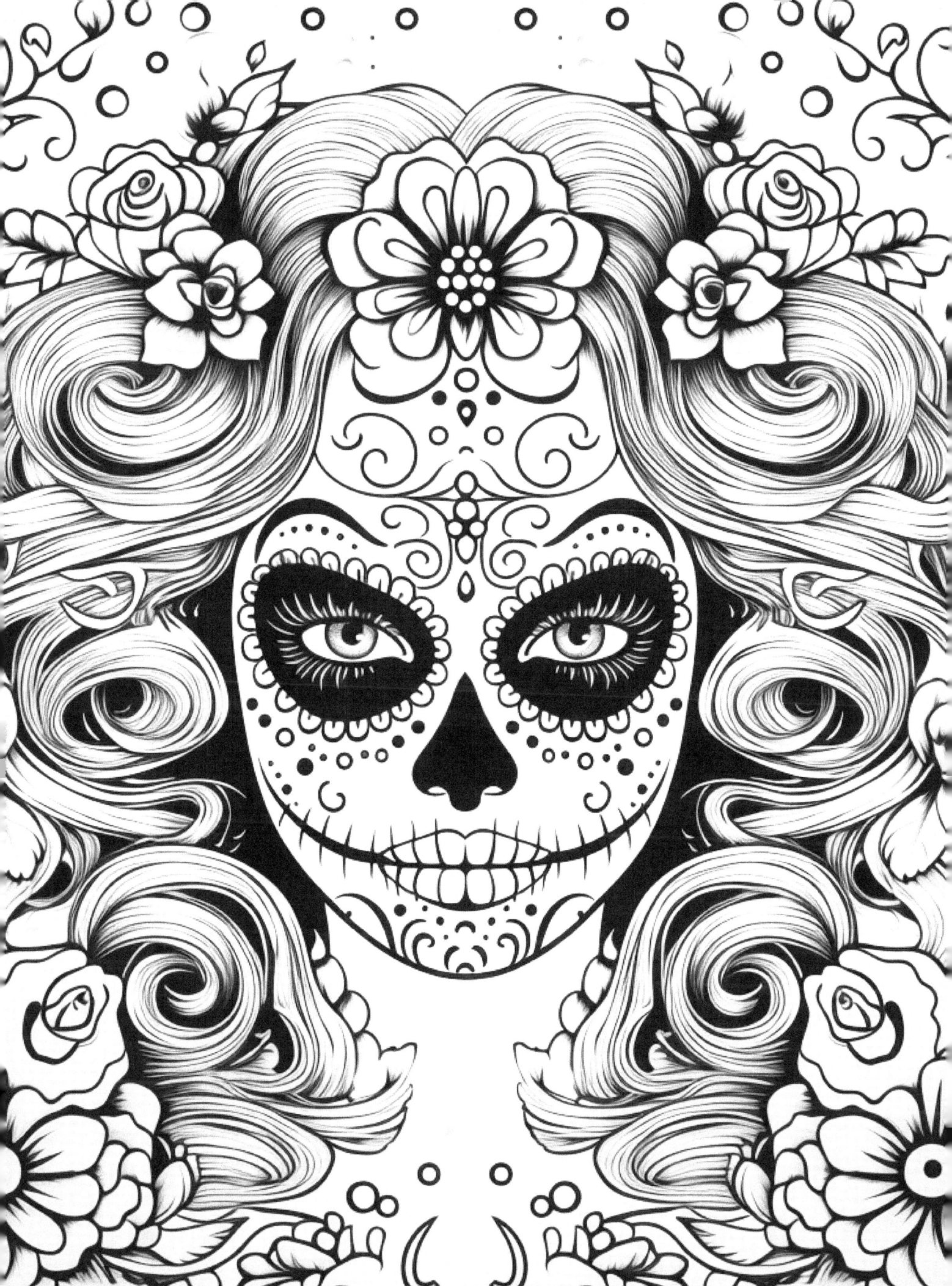

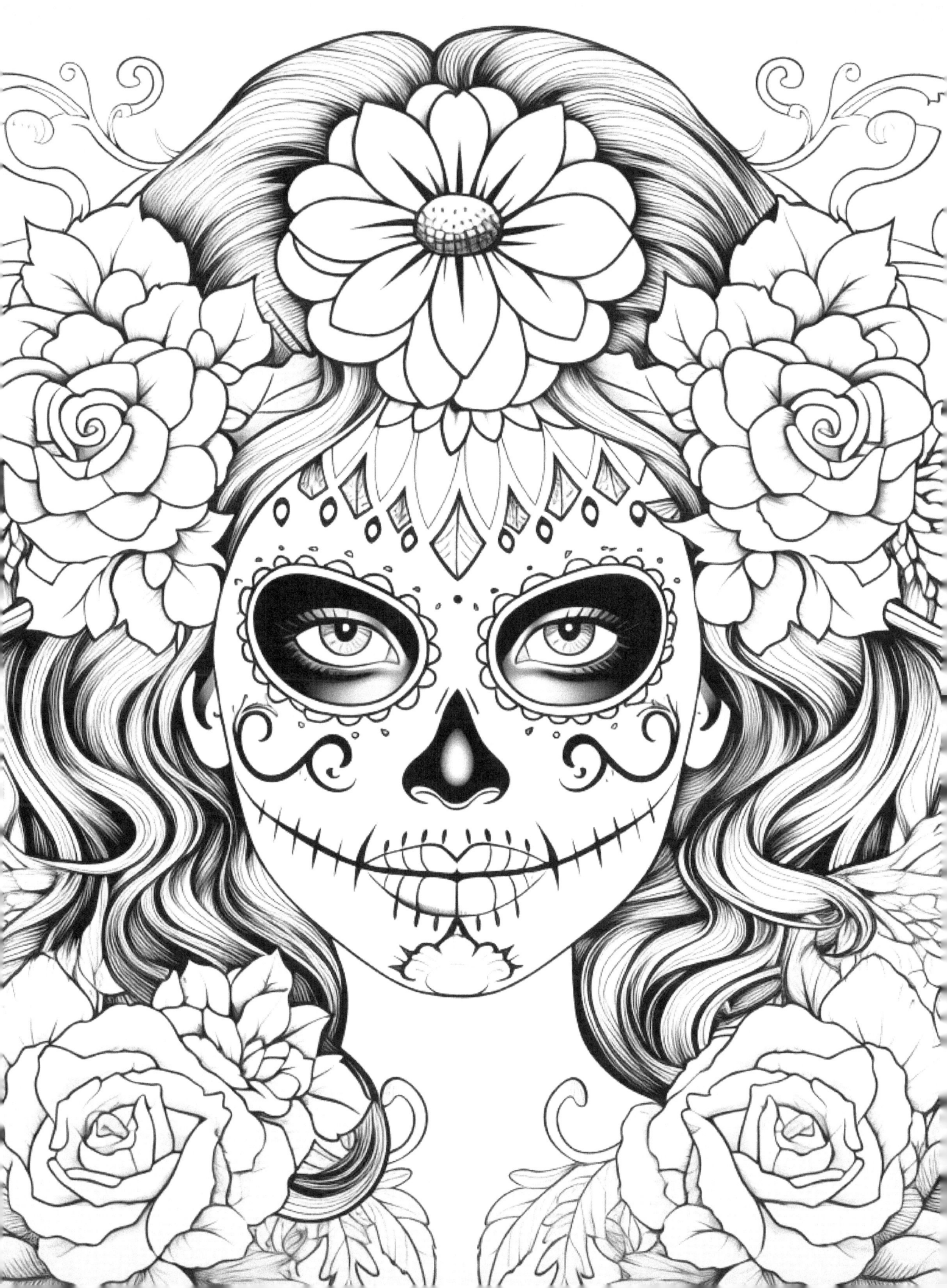

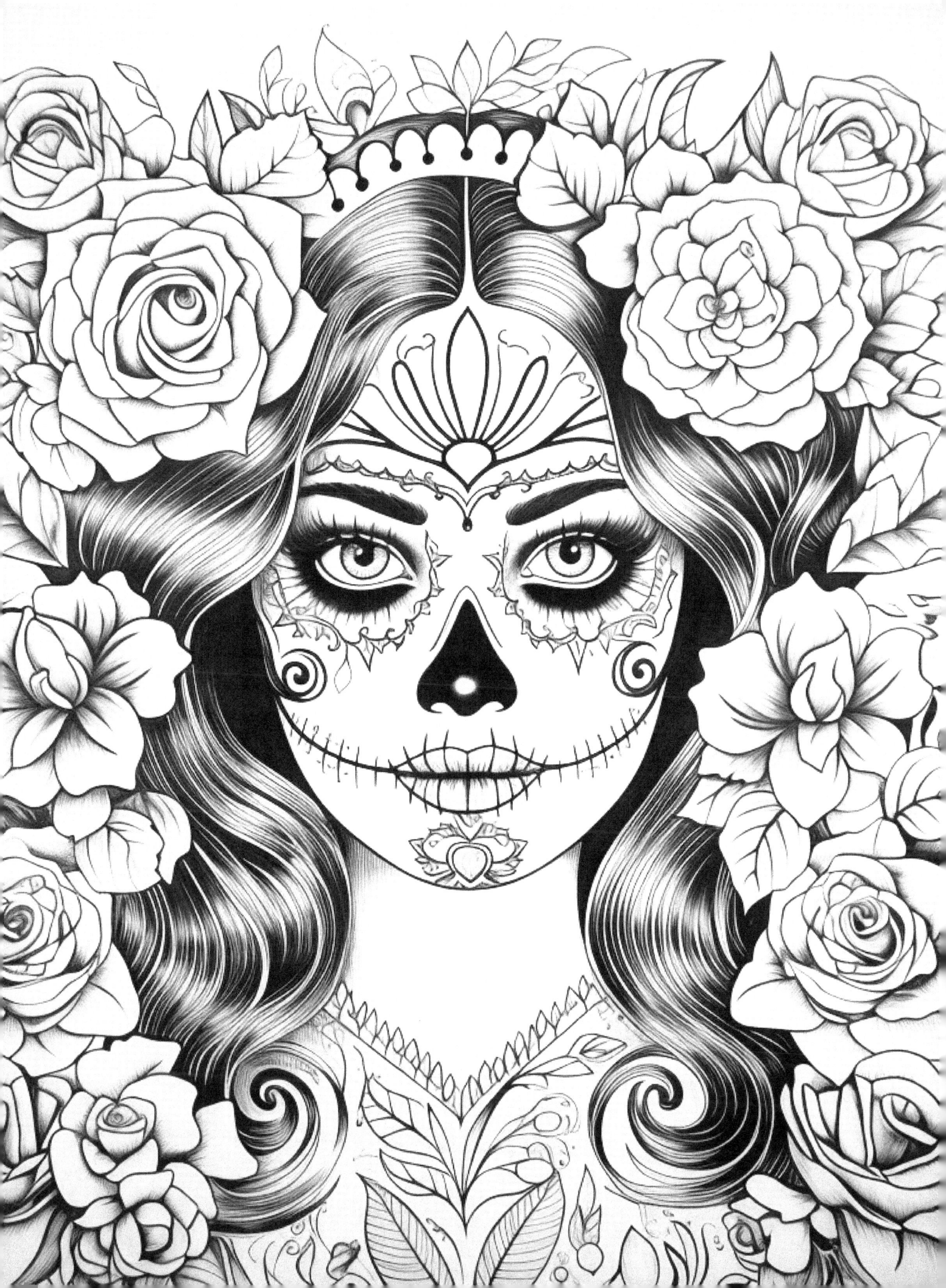

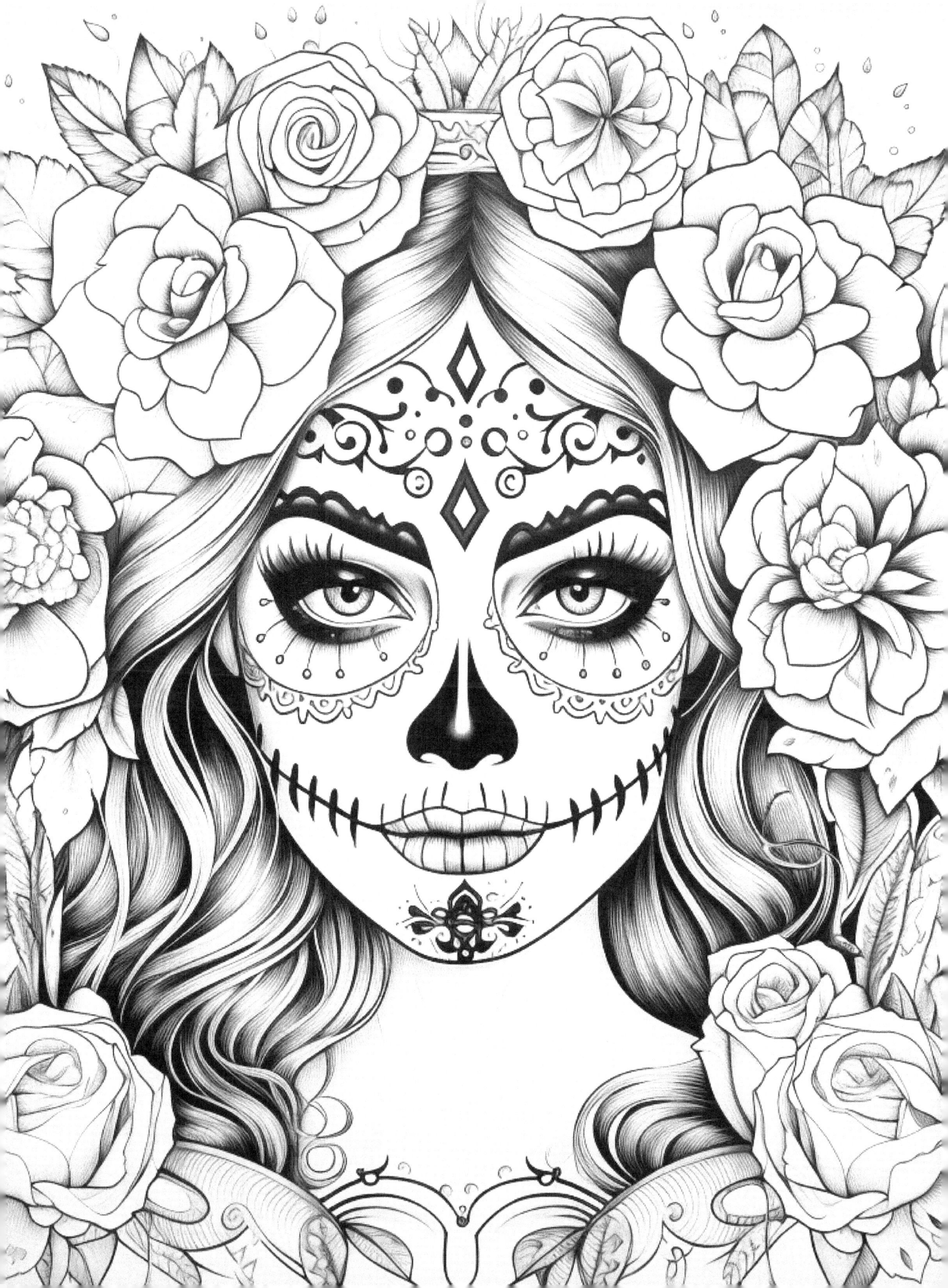

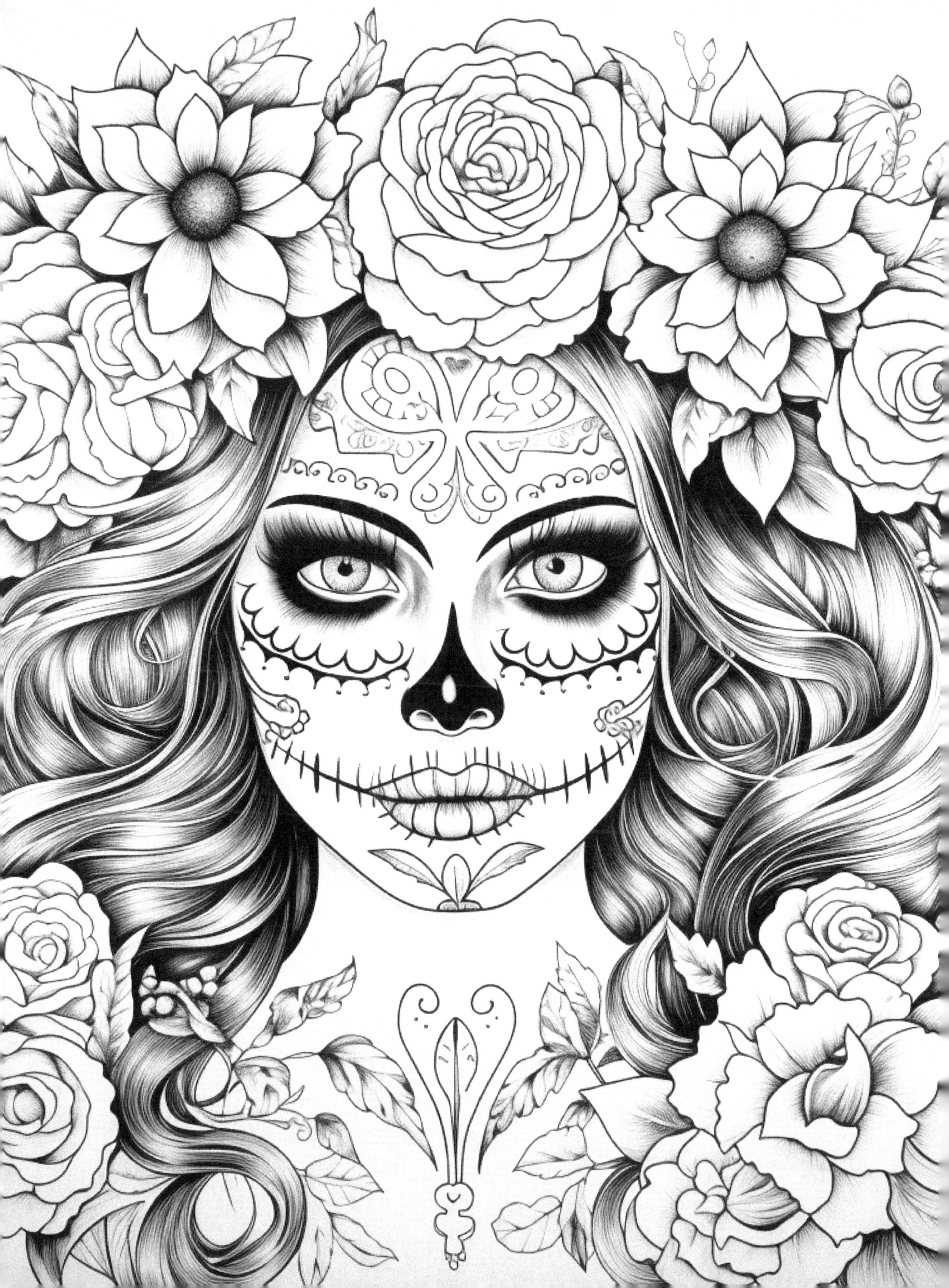

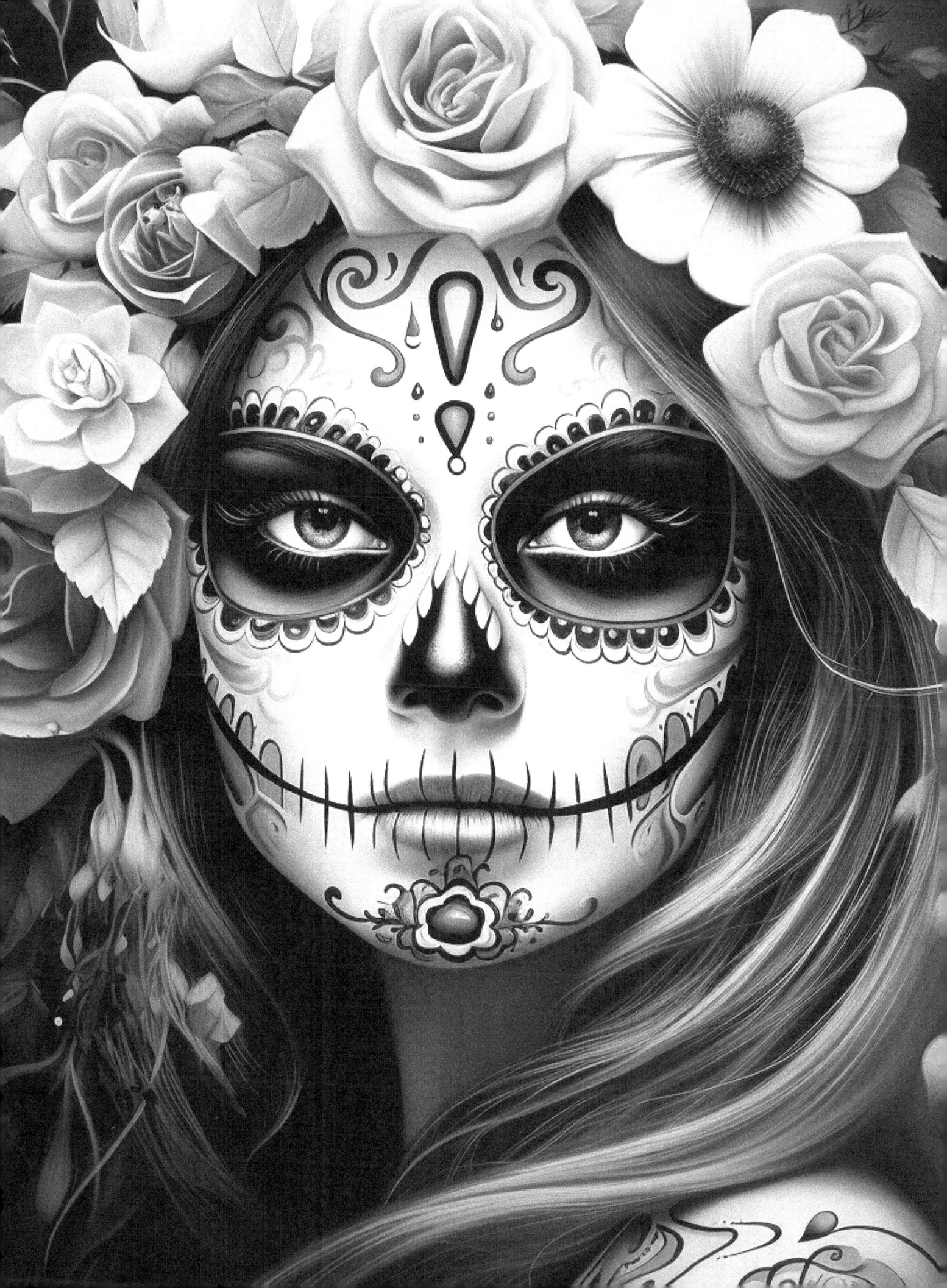

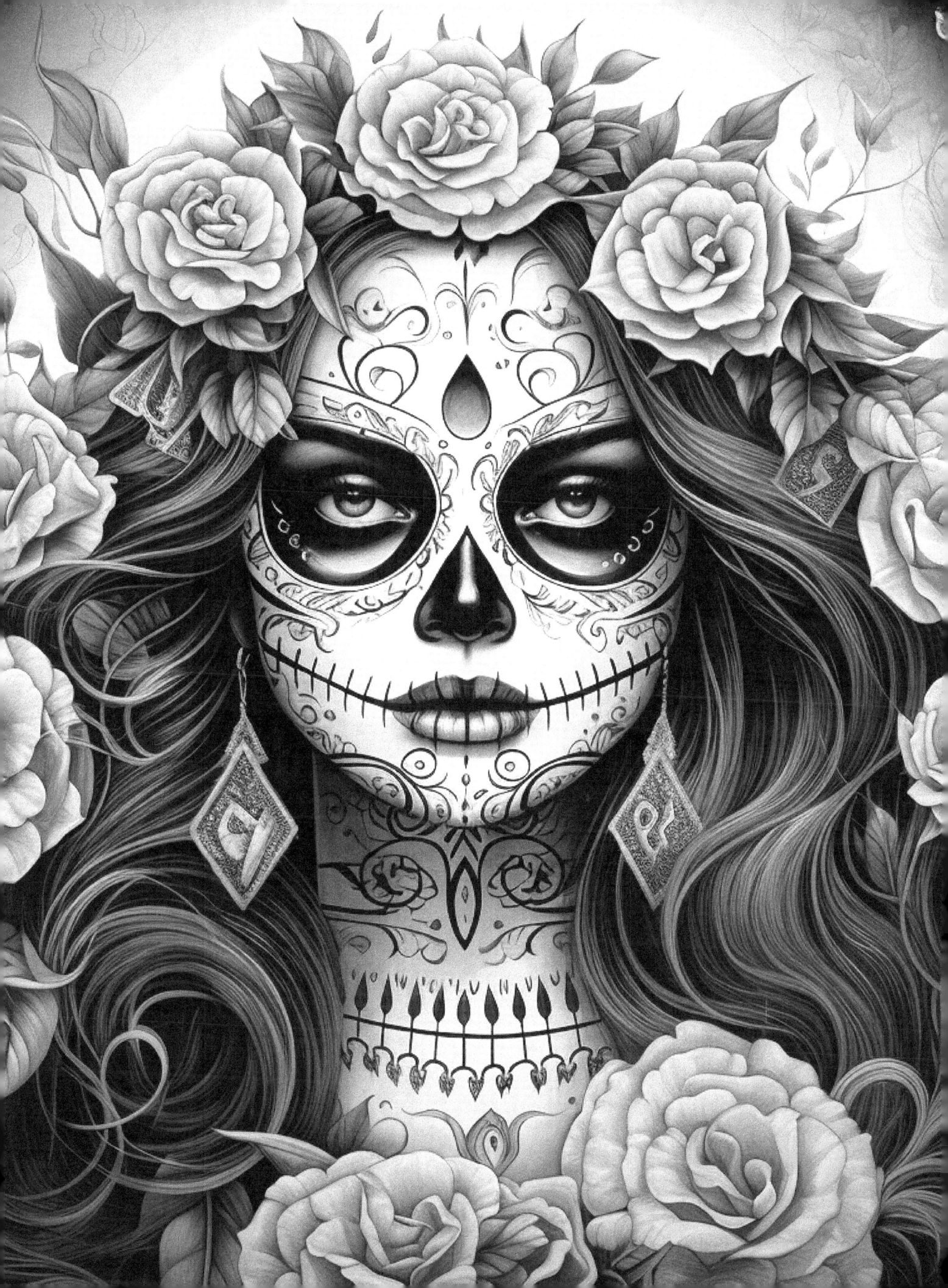

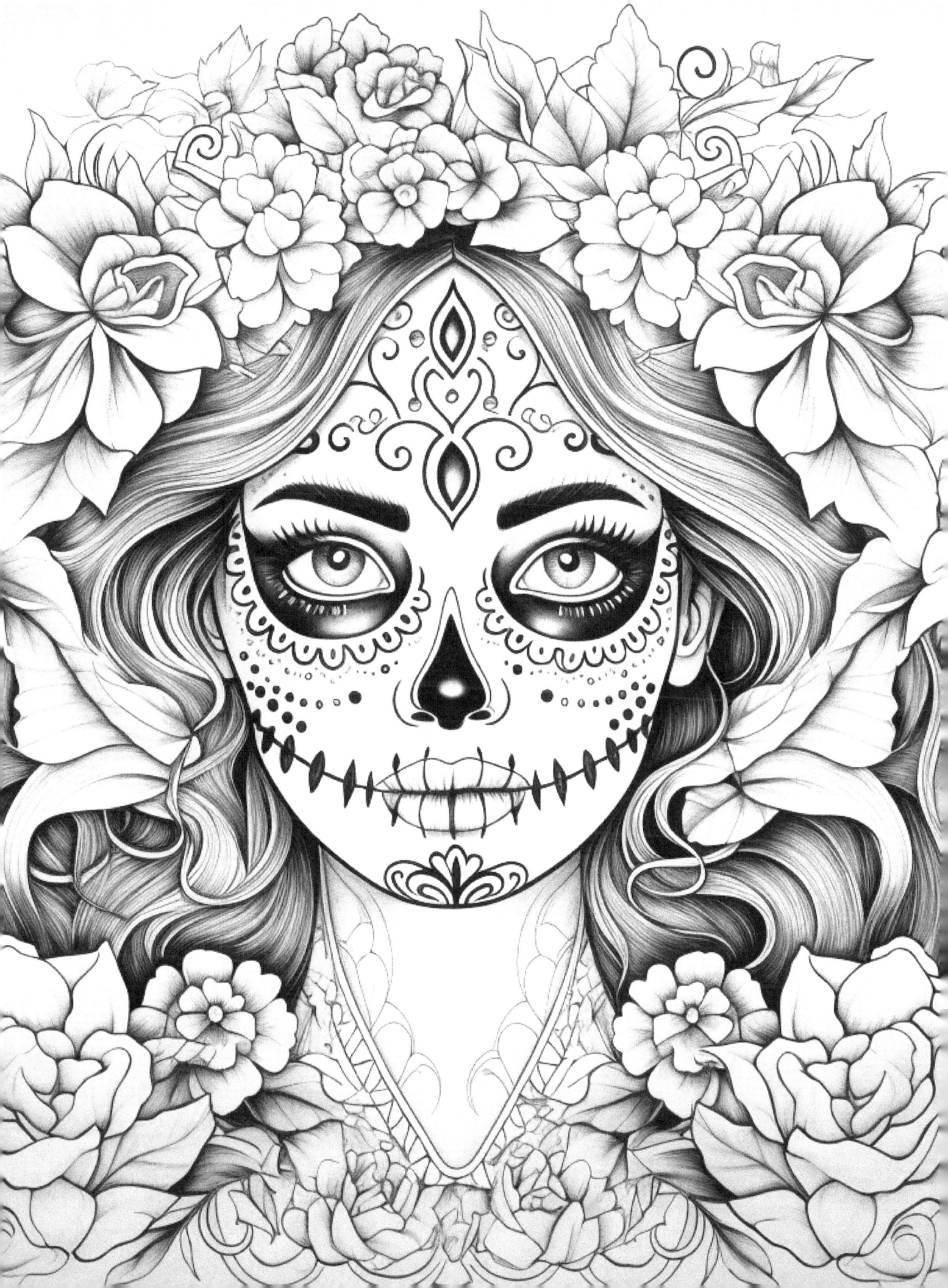

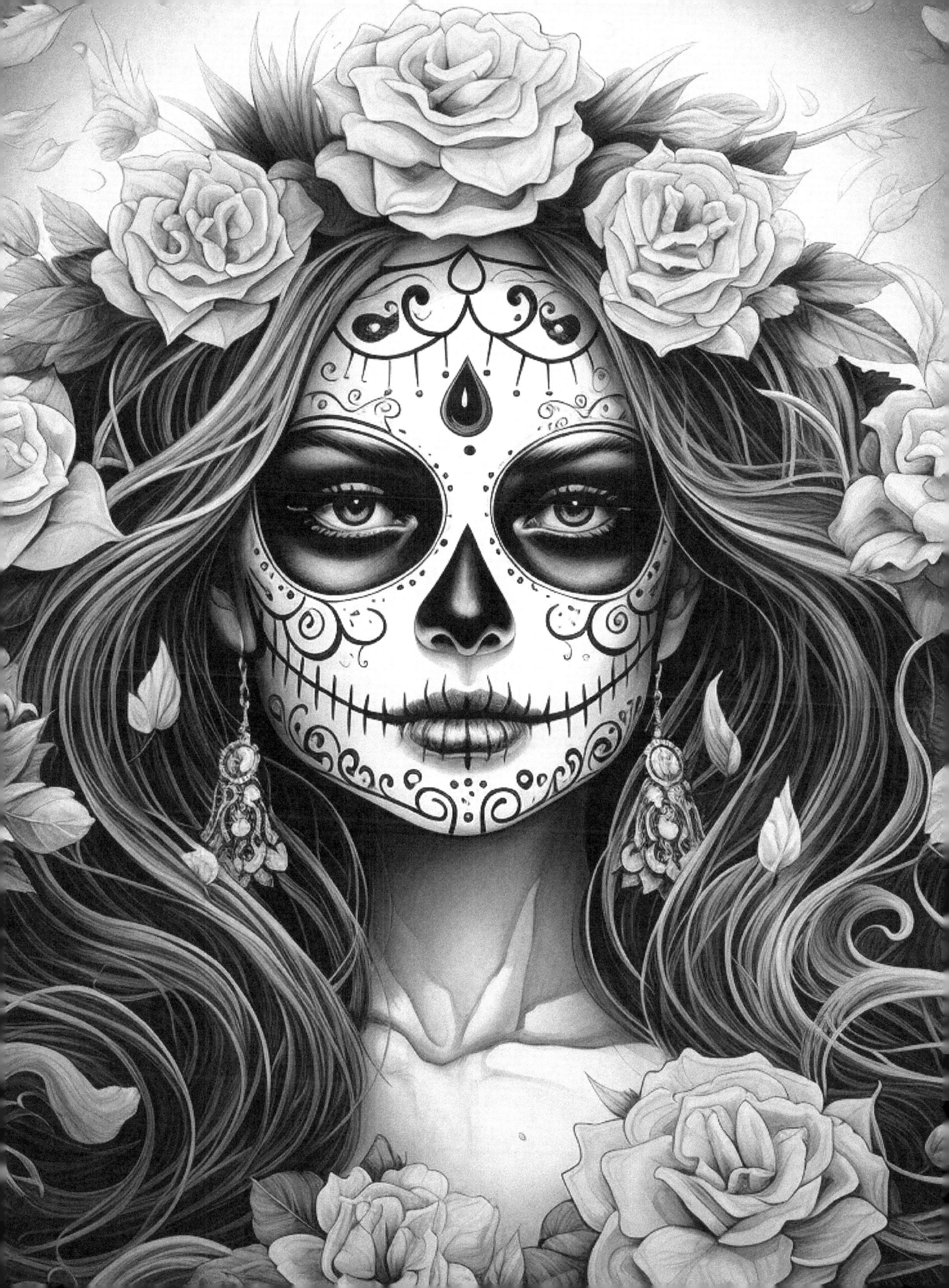

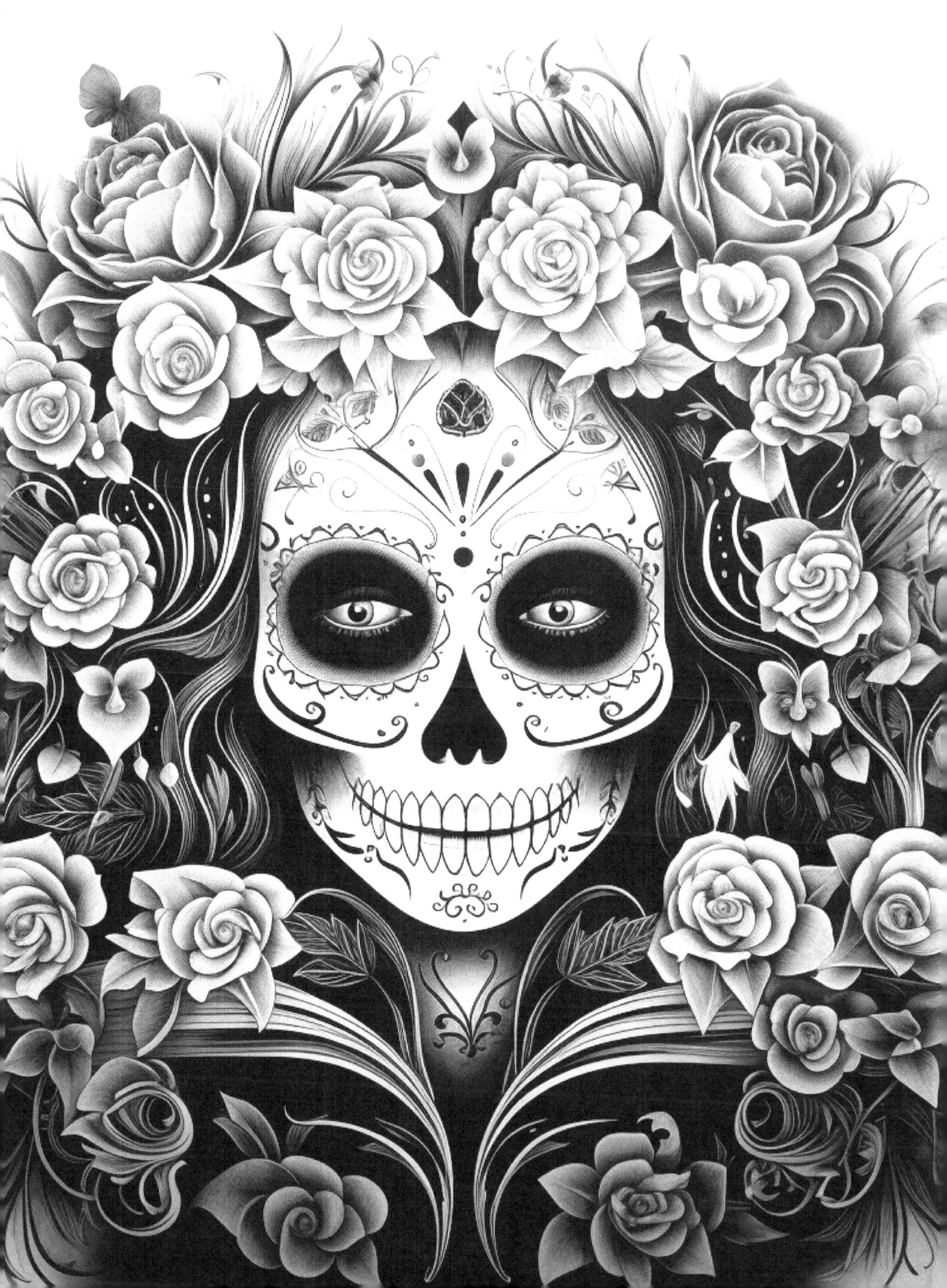

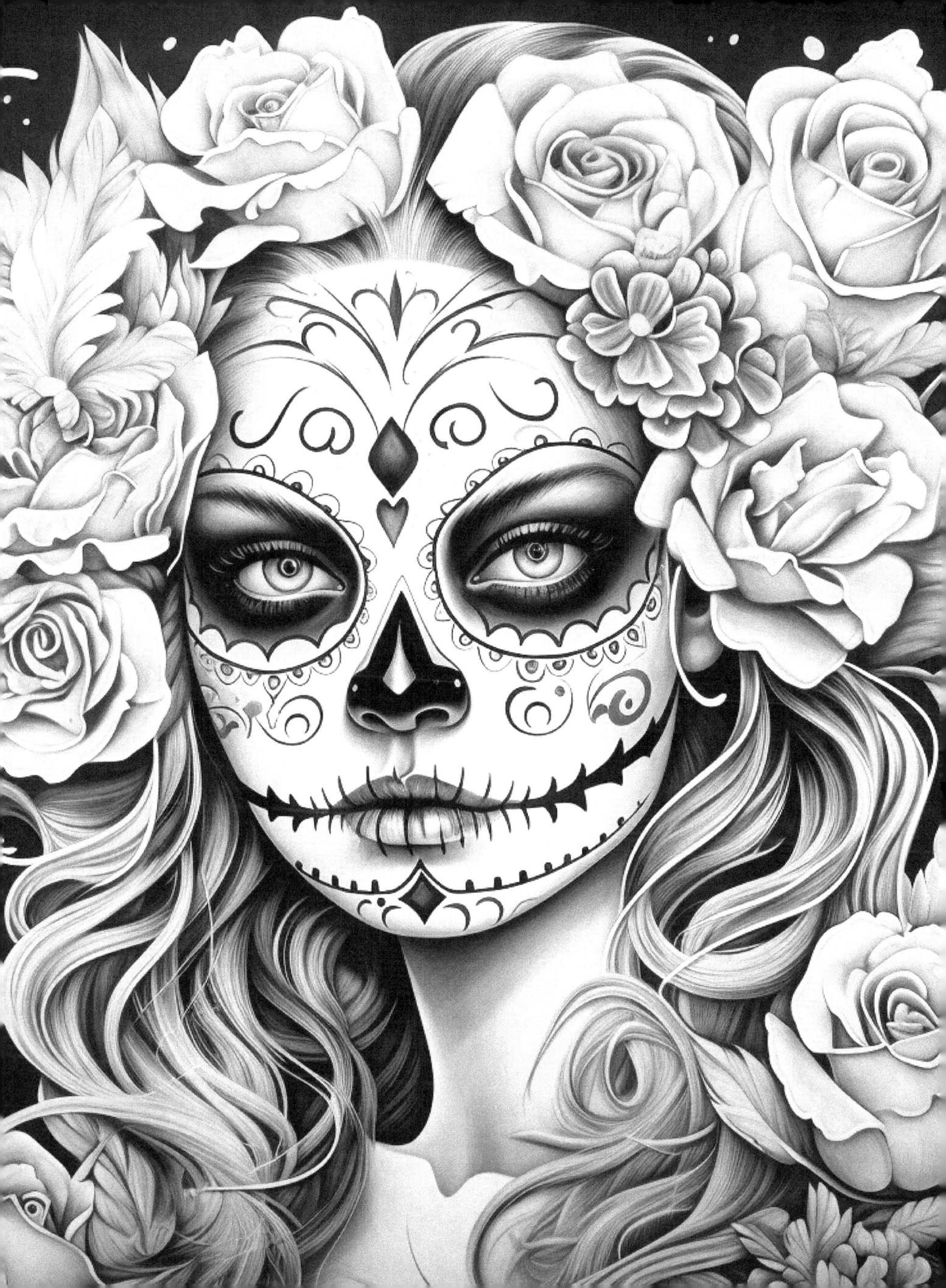

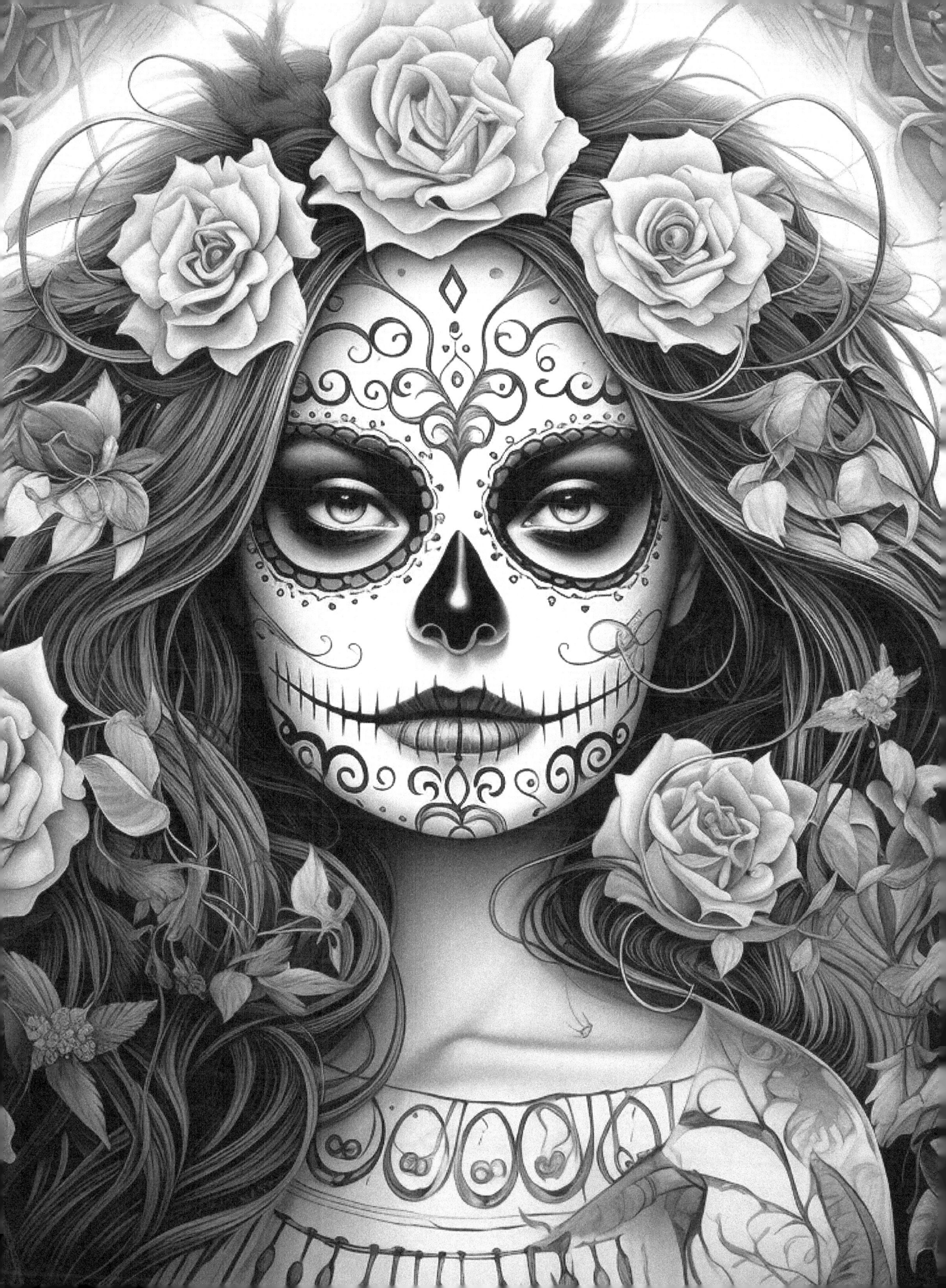

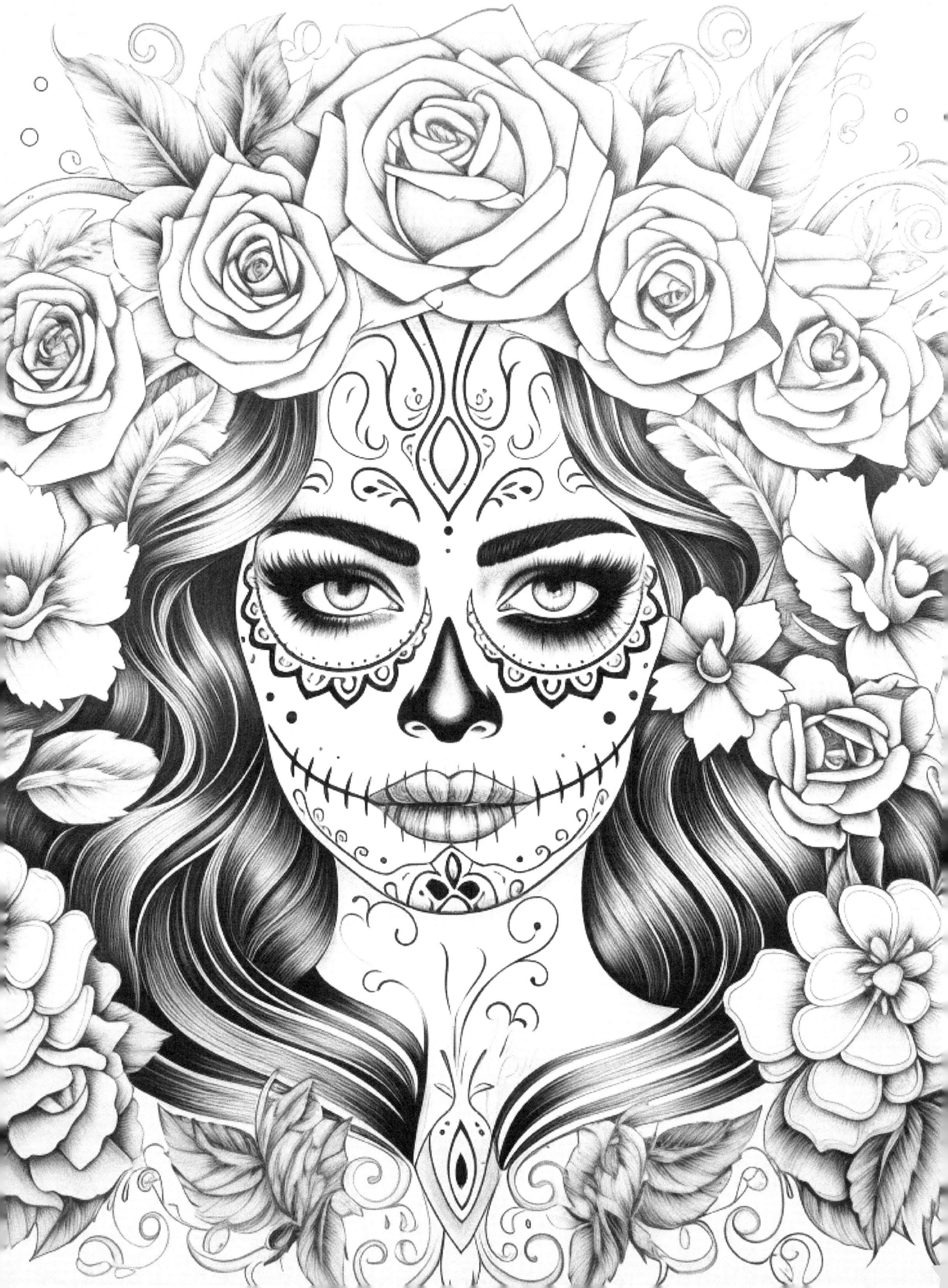

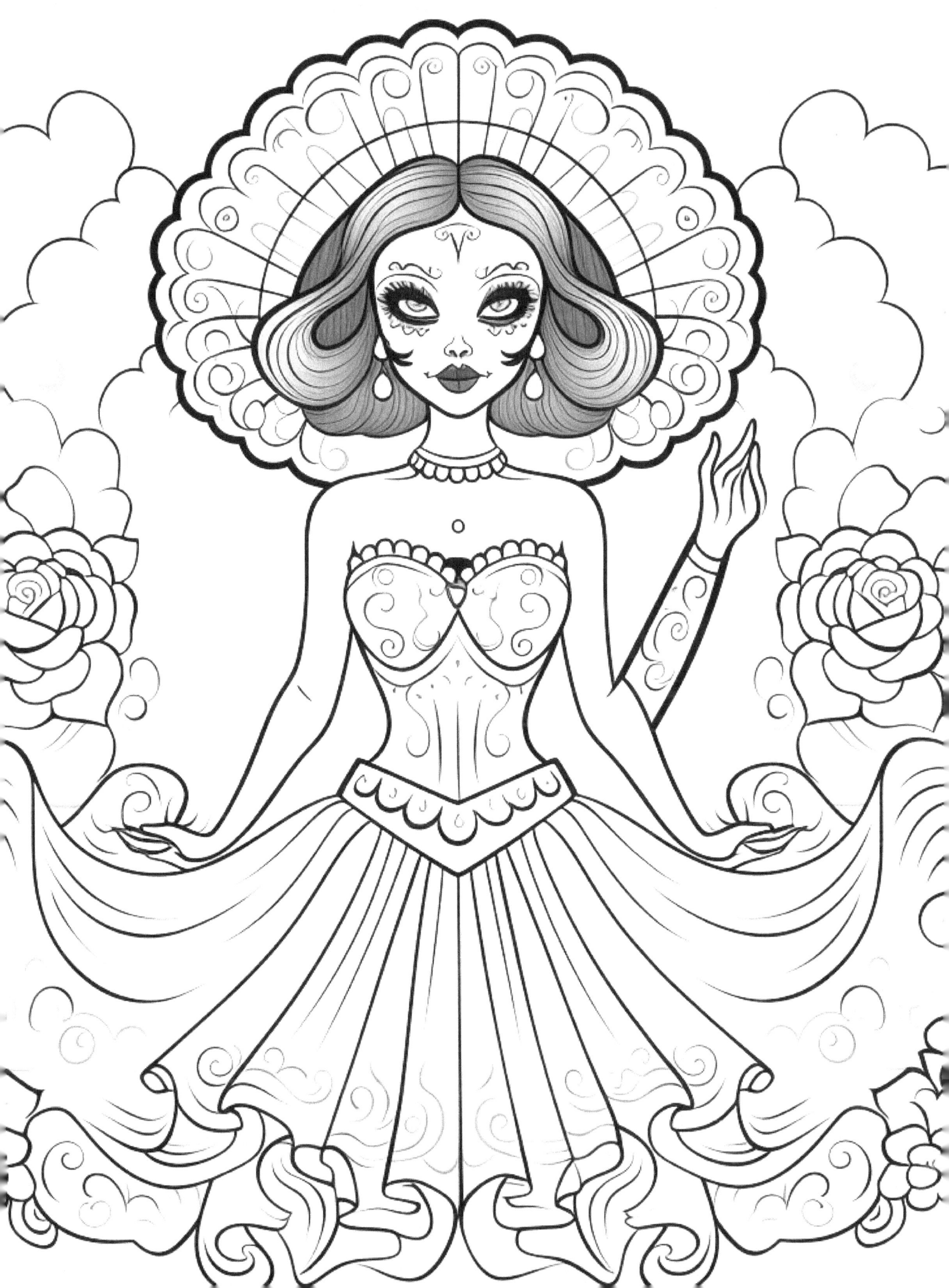

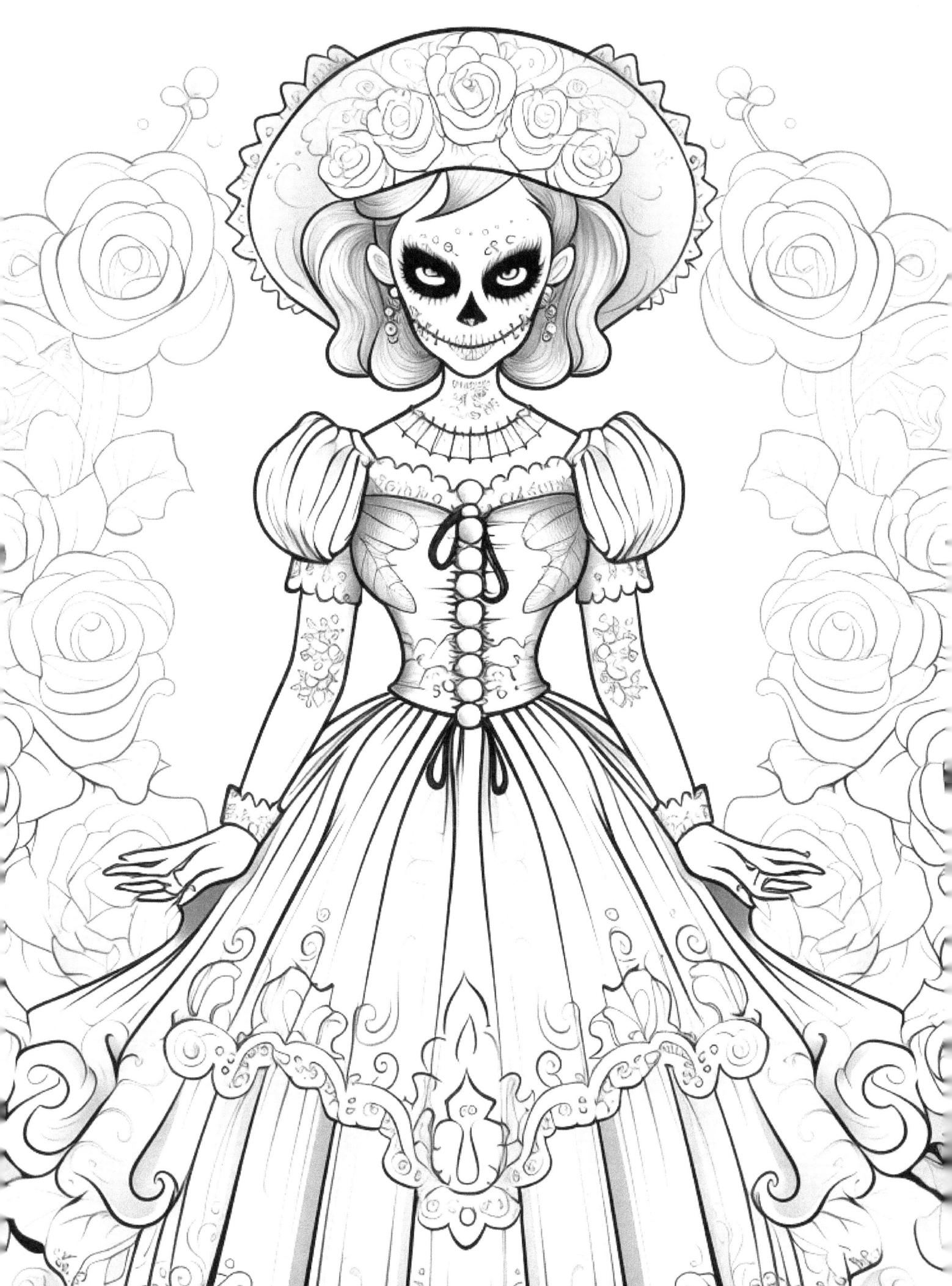

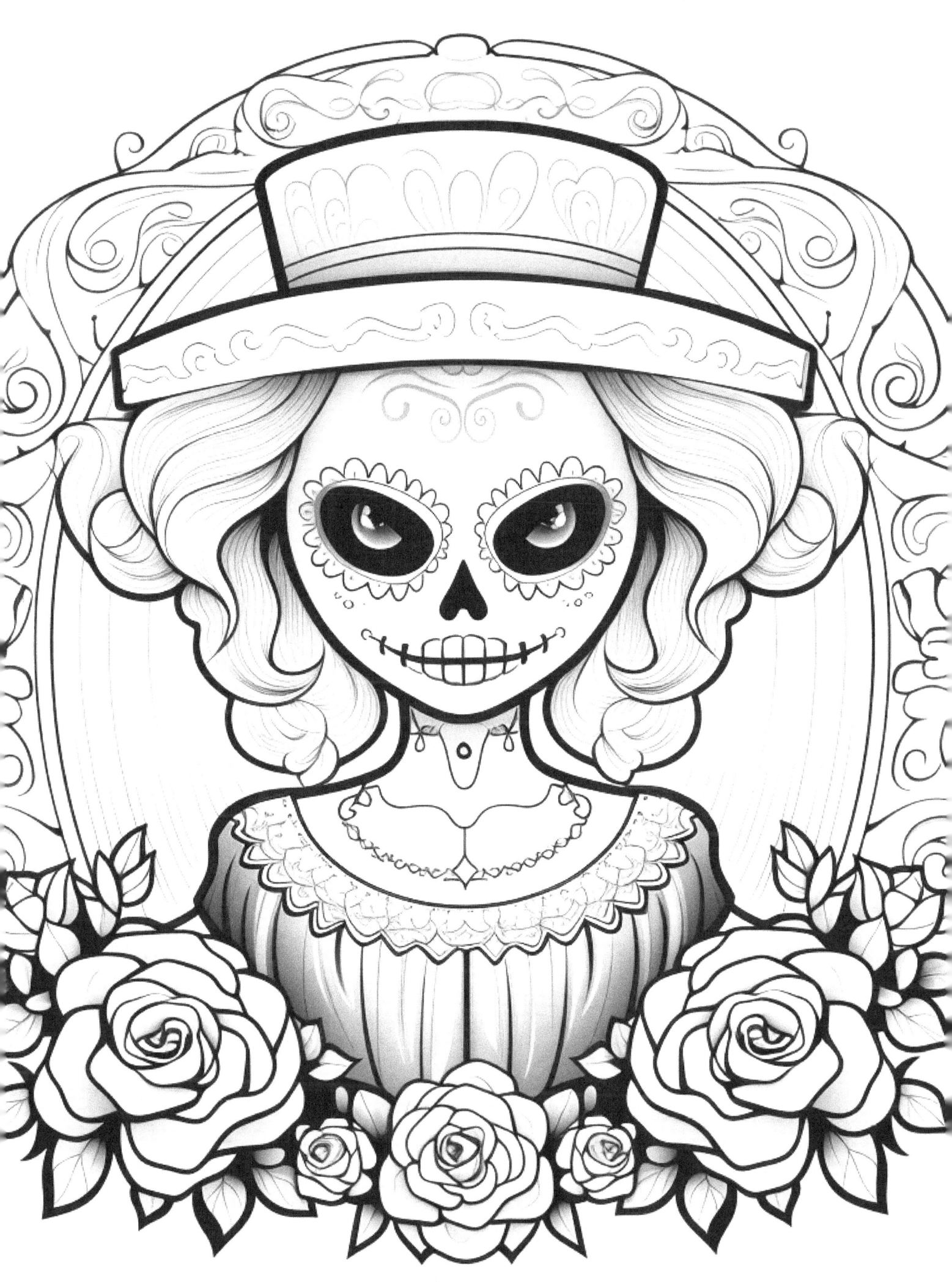

Thank You

Mark A. Miller

Please see my other works:
- **Motivational Videos**
- **Motivational Books**
- **Mentoring Books**
- **Story Books**
- **Social Media**
- **Coloring Book**
(Including other Day of the Dead)